7 MONAT SEGELBOOT DURCH MECKLENBURG-VORPOMMERN

VON DEN SCHWIERIGKEITEN, SEINEN TRAUM ZU VERWIRKLICHEN,

DINGE LOSZULASSEN UND GEWOHNHEITEN ZU VERÄNDERN

VON DUNJA & STEPHAN

Wir wünschen euch allen, dass ihr eure Träume verwirklicht!

Dunja & Stephan

www.sommerboot1.de

IMPRESSUM

Überarbeitete Auflage 2020

© 2017 Dunja Bruder & Stephan Havemann

Umschlaggestaltung, Illustration: Dunja Bruder
Weitere Mitwirkende: Stephan Havemann

Verlag: Sommerboot1.de

Bibliografische Information der Deutschen Nationalbibliothek:
Die Deutsche Nationalbibliothek verzeichnet diese Publikation in der Deutschen Nationalbibliografie; detaillierte bibliografische Daten sind im Internet über http://dnb.d-nb.de abrufbar.

Inhaltsverzeichnis

ÜBERSICHTSKARTE UNSERER REISE

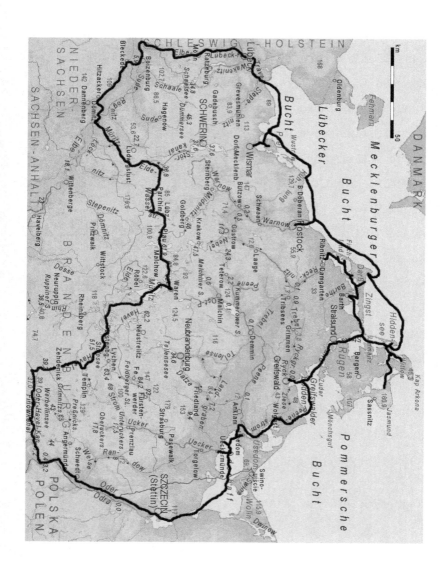

Kapitel 1: Der Plan

Hinter dem Plan verbirgt sich eigentlich der Wunsch oder der Traum, der Traum, den jeder Mensch in seinem Herzen kennt, der einen ein Leben lang begleitet, und der sich doch selten verwirklicht.

Ob sich dieser Wunsch verwirklichen sollte oder dazu dient, dass das Leben lebenswert bleibt, weil man noch etwas hat, was sich nicht verwirklicht hat, auf das man sich den Rest seines Lebens freuen kann.

Der Plan setzt einen Entschluss voraus, für den man allerdings einiges überwinden muss. Zum Beispiel LOSZULASSEN. All die Dinge, die man gewohnt ist, die einem die Sicherheit im Leben geben, dass alles gut ist und so bleibt.

Eine trügerische Sicherheit, die jeden Tag, jede Stunde vorbei sein kann. Ganz schnell, ganz einfach, ohne Vorwarnung, zum Beispiel durch den Tod.

Und doch ist es gerade diese Sicherheit, die in meinem Herzen den Wunsch verstärkt, meinen Traum zu verwirklichen.

Ich heiße übrigens Dunja, bin 37 Jahre alt, Heilpraktikerin und wohne direkt am Bodensee. Bei jeder Gelegenheit schippern wir mit unserem kleinen Segelboot auf dem See herum – dem Bodensee.

Das „wir" bezieht sich auf meinen Partner und mich, mit dem ich den gleichen Traum träume. Einfach loszusegeln, alle Zwänge und Verpflichtungen hinter sich zu lassen und die Bedürfnisse auf ein Minimum zu begrenzen und auf das Wesentliche zu konzentrieren.

Ach ja – er heißt übrigens Stephan, ist 58, und arbeitet mit mir gemeinsam in unserer Naturheilpraxis. Also, eigentlich verläuft alles super – wäre da nicht dieser Traum: mit dem Segelboot an die Ostsee. In irgendeinem Hafen das Boot ins Wasser lassen und los geht´s, wohin der Wind uns weht.

Nach vielem Träumen, Reden und Diskutieren formte sich langsam der Traum zu einem Entschluss. Und der stand fest.

Loslassen tut weh. Die Praxis aufgeben, Patienten und Freunde hinter sich lassen, und nicht zuletzt: Wie bekommt man die Einrichtung einer Wohnung auf einem acht Meter langen Segelboot untergebracht? Vor jeder Freude des Traumes kommt Traurigkeit. Immer wiederkehrende Traurigkeit über die Dinge, die man loslassen muss, weil man sie nicht aufs Boot bekommt oder Dinge aus seinem Herzen zurücklässt.

Wohnungseinrichtung im Internet verkauft. Praxis übergeben. Und den Rest auf dem Flohmarkt verscheuert. Klingt einfach – und doch hat es sich über drei Monate hingezogen und wurde immer wieder von Tränen begleitet.

Die LETZTE SICHERHEIT – weil so viel Freiheit vor sich zu haben, doch schwer zu ertragen ist, wird eine Ferienwohnung, die wir für den nächsten Winter an der Ostsee gemietet haben, zu einem festen Anker.

Ein kleiner Ort namens „Barhöft", von dem wir vorher noch nie gehört hatten, der aber laut Internet alle unsere Voraussetzungen erfüllte. Erstens: einen Hafen – und damit das Wichtigste, um unser Boot ins Wasser zu bekommen. Natürlich mit Kran. Zweitens: eine günstige Ferienwohnung, die uns das Gefühl geben sollte, im nächsten Winter nicht bei Eis und Schnee auf dem Boot überwintern zu müssen.

Übrigens haben wir für unsere Bootsreise ein Budget von 1000 Euro im Monat festgelegt, mit dem wir auskommen wollen.

25. März – es geht los. Ein Mietauto bringt unser Boot Richtung Ostsee. Wahrscheinlich völlig überladen. Aber das haben wir nicht überprüft, sondern stattdessen den Reifendruck und die Gurte, die das Boot am Trailer halten.

Endlich auf dem Weg zur Ostsee

Die erste halbe Stunde im Auto SCHWEIGEN. Glaube, nicht nur ich habe etwas Angst vor dem, was kommt, und etwas Traurigkeit wegen dem, was wir zurückgelassen haben.

KAPITEL 2: AN DER OSTSEE IN BARHÖFT

26. März, 22 Uhr. 12 Stunden Fahrt liegen hinter uns. Es ist dunkel. Wir befinden uns wenige Kilometer vor Barhöft. Die Häuser werden immer spärlicher und auf einer schmalen Landstraße, umgeben von dichtem Wald, aus dem immer wieder Augen aufblitzen, nähern wir uns unserem Ziel Barhöft. Es liegt übrigens zwischen Stralsund und Hiddensee, gegenüber von Rügen.

Fahren im Dunkeln direkt auf das Hafenbecken zu. Der Ort besteht aus gefühlten fünf Häusern mit wenig Beleuchtung und kein Mensch ist hier zu sehen. Wir parken direkt am Hafenbecken. Unsere Ferienwohnung liegt nur wenige Schritte vom Hafen entfernt. Wir haben sie für eine Woche gemietet, weil wir nicht wussten, wie und wann wir unser Boot mit dem Kran ins Wasser bekommen. Außerdem wollten wir schon mal sehen, wie wir den nächsten Winter verbringen. Also aussteigen. O.K. Es ist bitterkalt. Der Schlüssel hängt neben der Tür im Schlüsselkasten. Das Auto mit dem Boot haben wir am Hafenbecken stehen lassen und öffnen die Tür zu einer super gemütlichen Ferienwohnung der Familie Beese. Erster Stock, wir schaffen kaum die Treppe, so steif sind wir von der langen Autofahrt. Beide denken wir jetzt nur noch an eins: SCHLAFEN. Überziehe noch schnell die Bettdecken mit der mitgebrachten Bettwäsche und bin mir nicht mehr sicher, ob wir uns noch ausgezogen haben, bevor wir nach fünf Minuten eingeschlafen sind.

Der nächste Morgen überrascht uns mit einem wunderschönen Blick aus dem Fenster auf den kleinen Hafen in Barhöft, in dem ein paar Fischerboote und zwei Fischkutter zurzeit ihren Liegeplatz haben.

Hafen Barhöft

Dankbar sind wir für den netten Hafenmeister, den wir gleich am Hafen getroffen haben und der das von uns am Hafenbecken abgestellte Boot (im Halteverbot) auf den Hafenparkplatz dirigierte.

Natürlich sind wir noch in dem alten Trott und stellen eine Frage nach der anderen. Wann kommt das Boot ins Wasser? Wann können wir losfahren? Wo können wir im Sommer unseren Trailer lassen und so weiter.

Werde nie den ungläubigen Blick des Hafenmeisters vergessen, der hat wahrscheinlich gedacht: „Die spinnen, die Schwaben." Hat uns aber ganz freundlich runtergeholt – uns erst mal klargemacht, dass wir uns entspannen sollten, weil die Uhren hier etwas anders ticken.

Wir haben es wirklich getan! Wir waren dabei, unseren TRAUM zu VERWIRKLICHEN.

Das Auto hatten wir noch für zwei Tage – also haben wir uns entschlossen, nach Stralsund zu fahren. Ca. 17 km, um einzukaufen und das Boot noch mit allem Nötigen zu beladen, was wir glaubten unbedingt noch mitnehmen zu müssen. Barhöft hat diesbezüglich außer einem kleinen Hafenkiosk nichts zu bieten. Aber dafür ist es himmlisch ruhig und für uns genau richtig, um den Stress der letzten Wochen abzubauen.

In der Ferienwohnung hat uns am nächsten Morgen ein supernettes Hausmeisterehepaar empfangen (Claus & Maria), sodass wir uns gleich zu Hause fühlten. Von den beiden werdet ihr später noch hören.

Eine unserer Anschaffungen sind zwei kleine Elektroklappräder, mit denen wir am nächsten Tag bei Sonne, aber nur vier Grad plus, die 17 km nach

Stralsund und zurück bewältigten, um uns die Stadt näher anzuschauen.

Immer wieder überfällt uns der Gedanke: „Haben wir es wirklich getan?"

In diesen ersten Tagen haben wir begonnen, die ersten kleinen Filme zu drehen und bei YouTube einzustellen. Diese und andere Filme unserer Reise sowie nähere Informationen der von uns besuchten Häfen findet ihr auf unserer Internetseite http://www.sommerboot1.de

Jetzt bleiben noch zwei Tage in Barhöft, um zu planen, wohin wir eigentlich mit unserem Segelboot aufbrechen wollen. Zwei Tage, in denen das Boot noch ins Wasser und der Mast gestellt werden muss.

KAPITEL 3: DIE REISE BEGINNT

29. März: Der Hafenmeister, mit dem wir um 9 Uhr verabredet waren, zog unser Boot mit dem Trecker unter den Kran am Hafen. Die Frage nach dem Gewicht aus den Papieren machte uns ein schlechtes Gewissen, bei dem, was wir alles an Vorräten zugeladen hatten. Gott sei Dank: Alles ging gut. Das Boot schwimmt und liegt nicht tiefer als der Wasserpass im Hafenbecken.

Unser Jonathan kurz vor dem Einwassern

Heute kommt trotz Ferienwohnung die erste Nacht auf dem Boot, auf unserem neuen Zuhause. Morgen noch den Mast stellen und dann ...

Claus, der schon erwähnte Hausmeister hat uns beim Maststellen kräftig unterstützt und während er und Maria sich an der Hafenausfahrt winkend verabschiedeten, hatten wir schon wieder das Gefühl, ABSCHIED zu NEHMEN, als wir am 1. April den Hafen verließen.

10 Uhr morgens – das Wetter ist diesig. Die Windstärke irgendwo zwischen 0 und 1, als wir aus dem Barhöfter Hafen laufen und links in die Boddengewässer abbiegen, die wir als erstes erkunden wollten.

Kapitel 4: Die Boddengewässer

Die Boddengewässer liegen zwischen dem Festland und der lang gestreckten, parallel verlaufenden Halbinsel Fischland-Darß-Zingst, die früher einmal aus drei Inseln bestand und deren einzige Zufahrt zwischen Barhöft und der südlichsten Spitze von Hiddensee liegt. Unser erster Zielhafen ist Barth, auf der Festlandseite liegend im Barther Bodden. Nur ein Törn von ca. 2,5 Stunden, doch lang genug, um alle Funktionen des Bootes zu überprüfen und auszuprobieren; und auch kurz genug, falls noch etwas zu verändern oder zu reparieren wäre.

Alles o.k., und so bringt uns unser kleiner 6-PS-Außenborder mit etwa sechs Knoten in die Boddengewässer.

Um die Frage vorwegzunehmen, ob unser Boot für eine längere Tour für zwei Personen zu klein wäre oder nicht, so kann ich mit einem eindeutigen Nein antworten. Diese Antwort gilt für uns beide. Am Anfang fühlte sich das Boot eher sehr groß an, kann aber auch sein, dass es nur daran lag, dass wir uns so sehr aneinander gekuschelt haben, weil wir ja jetzt keinen mehr hatten außer uns. Es war einfach nur schön.

Mittlerweile denken wir, dass die Größe des Bootes sowieso nicht das Entscheidende ist. Entweder man versteht sich auf so engem Raum oder eben nicht.

Natürlich hat es ein paar Tage gedauert, bis die Aufgabenverteilung und die Rangordnung feststanden, aber das war eher eine organisatorische Sache.

Viel länger hat es gedauert, bis wir nicht mehr ständig zu einer bestimmten Zeit losfahren wollten, um zu einer bestimmten Zeit ankommen zu wollen. Durch dieses aus Gewohnheit bestehende Verhalten haben wir, glaube ich, am Anfang viel Schönes verpasst. Aber gut, es hat halt etwas gedauert, bis wir die alten Gewohnheiten abgelegt hatten. Vor allen Dingen unsere Uhren.

Nach einer zweieinhalbstündigen Fahrt bei glattem Wasser und null Wind mit unserem kleinen Motor sind wir in Barth angekommen. Abgesehen von der Betonnung in den Bodden – die Fahrrinne kann mitunter sehr eng sein und das Wasser außerhalb sehr flach – ist Barth durch die riesengroße Kirche, auf die man direkt zuläuft, nicht zu übersehen.

Marienkirche Barth

Die erste Fahrt: Natürlich wurde fast alles fotografiert. Jeder Kranich, jede Möwe, jede Tonne, jedes Ufer. Wie gut, dass heute alles auf Speicherchips gespeichert wird. In Barth sind wir direkt auf den Stadthafen zugefahren. Wirklich schön hier. Allerdings hatten wir zu diesem Zeitpunkt keinerlei Vergleiche zu anderen Ostseehäfen. Aber für uns war alles schön. Die Sonne schien, 15 Grad und das erste Eis an Bord.

Eigentlich hat Barth vier Häfen. Den Stadthafen, den man direkt ansteuert, wenn man gerade auf Barth zufährt. Direkt rechts nach der Kaimauer kommt der Seglerhafen, und am Ende der Barther Yachtservice, in dem wir auf der Rückfahrt aus den Bodden festgemacht haben, den wir aber gleich erwähnen wollen, weil hier die Möglichkeit besteht, Ersatzteile zu bekommen und alle Reparaturen durchzuführen. Links nach der Kaimauer befindet sich der

Wirtschaftshafen. Die genaue Beschreibung wisst ihr ja: auf unserer Internetseite, wo ihr auch die Preise und den Service und die Angebote jedes Hafens findet.

Der Abend

Unser erster richtig schöner Sonnenuntergang auf dem Boot. Die Temperatur fiel auf zwei Grad. Aber bei uns auf dem Boot war´s warm und gemütlich. An diesem Abend ist mir aufgefallen, was Stephan alles auf dem Boot um- und angebaut hat, damit ich mich wohlfühle: eine Fußbodenheizung für meine kalten Füße und, als ich ins Bett ging, als Überraschung eine elektrische Heizdecke.

Ich glaube, er hatte wohl irgendwie Angst, dass ich mich auf dem Boot nicht wohl fühlen könnte und wieder nach Hause möchte. Aber da hat er sich geirrt.

Am nächsten Morgen wollen wir weiterfahren nach Zingst. Das liegt ungefähr gegenüber auf der Halbinsel Fischland-Darß-Zingst und auch etwa nur 1,5 Stunden entfernt. An diesem Abend haben wir uns auch entschlossen, uns nicht mehr nach dem Wecker zu richten. Aufzustehen, wenn wir wach werden (der Erste muss Kaffee kochen), und in Ruhe zu frühstücken. Einfach weiterzufahren, wenn wir es möchten.

Am nächsten Tag sollten wir in Zingst das erste Mal den langen weißen Ostseestrand sehen. Etwa gegen 10 Uhr (ich betone extra „ETWA") haben wir abgelegt. Der Wind war heute frisch und verstärkte sich unterwegs auf sieben Beaufort. Kein Problem in den Boddengewässern. Nur leider genau von vorne – sodass uns wieder unser Motor vorwärtsbringen musste, um etwa um 11:30 Uhr in Zingst anzukommen. Vor Zingst liegt in den Boddengewässern die Vogelschutzinsel Kirr, wodurch sich ein schmaler Strom nach Zingst ergibt – der Zingster Strom.

Als wir auf Zingst zuliefen, lag rechts von uns der lang gezogene Wasserwanderrastplatz von Zingst. Den laufen wir auf unserer Rückreise an. Wir fuhren an den Liegeplätzen der Fahrgastschiffe vorbei, am Stadthafen, wo gefühlte drei Schiffe Platz haben, und landeten in dem kleinen Privathafen Kloss.

Privathafen Kloss in Zingst

DIE SACHE MIT DEM HANDY

Jeder von euch kennt sicherlich die Sache mit dem Handy: dass es immer dann klingelt, wenn man es am wenigsten gebrauchen kann. Beim Bootfahren ist das mit Sicherheit das Ablegen oder Anlegen an einem Liegeplatz.

Wenn man vor einer Schleuse bis zur Einfahrt zwei Stunden warten muss, klingelt es garantiert nicht. Sobald aber die Einfahrt freigegeben wird ... was passiert wohl? Das Handy klingelt. Die Neugierde überkommt einen, weil man ja auf keinen Fall irgendetwas Wichtiges verpassen möchte.

Die meisten Nachrichten an uns beginnen mit der Anrede: „Hallo, ihr Aussteiger".

Das mit dem Aussteigen sehe ich etwas anders. Aussteigen ist für mich eher das Verlassen eines bestimmten Kulturkreises, in dem ich lebe, oder einfach, wenn ich mich vor einen Zug stürze ...

Kurz gesagt, wir sehen es eher als Einsteigen. Einsteigen in die verbesserte Wahrnehmung unserer Umgebung durch Entschleunigung.

Jeder kennt das sicher, wenn er eine bestimmte Strecke mit dem Auto gefahren ist. Und dieselbe Strecke mit dem Fahrrad zurückgelegt hat. Wie viele Dinge man wahrnimmt, die man vom Auto aus gar nicht gesehen hat? Noch stärker ist dieser Effekt, indem man denselben Weg als Spaziergang zurücklegt. Für uns geht es um die Wahrnehmung der Gegenwart und des Augenblicks. Das Wort Wahrnehmung beinhaltet ja schon „die Wahrheit nehmen, die uns ein Augenblick bietet". Und dafür braucht man Zeit.

Jetzt aber zurück nach Zingst. Der Hafen Kloss ist der zweite offiziell noch geschlossene Hafen auf unserer Reise. Die Saison beginnt ja wahrscheinlich hier oben an der Ostsee etwas später. Trotzdem hat uns der Hafenmeister ganz freundlich einen Liegeplatz zugewiesen und versucht, heute noch die Waschhäuser instand zu setzen.

Egal. Für uns waren sowieso andere Dinge wichtig. Elektroräder vom Boot und so schnell wie möglich zum Strand.

Sieben Minuten durch ein typisches Ostsee-städtchen, vorbei an Touristenläden und allerlei Ständen bis zur Strandpromenade und deren Übergang zum Strand an der Seebrücke.

Am Strand von Zingst

Dass Stephan fünf Minuten vor mir am Strandübergang war, zeigt deutlich, wie sehr er sich auf diesen  Moment gefreut hat, und doch hat er auf mich gewartet, bevor er seine Füße ohne Schuhe in den weichen Sandstrand vergrub.

Das erste Zwischenziel erreicht. Jetzt gleich ans Wasser und bei eisig kaltem Wind, aber blauem Himmel das erste Mal Ostseewasser fühlen.

Die Kälte und der Hunger treiben uns ganz schnell zurück zum Boot.

OSTSEELUFT macht nicht nur hungrig, sondern auch müde, sodass wir beide nicht unbedingt Lust hatten, jetzt noch zu kochen.

Aber auch dafür hatten wir ja unsere Lösung: Backgammon spielen und wer verliert, muss kochen.

So liegen wir also beide in unserer gemütlichen Koje und zwischen uns das Spielbrett.

Als Stephan am Zug war, dauerte es ewig, bis er sich entschieden hat, welche Steine er wohin setzen wollte, sodass ich mich entschlossen habe, zwischendurch schon mal die Kartoffeln aufzusetzen. Alles BERECHNUNG! Er kennt mich halt und weiß genau: Wenn ich Hunger habe, muss ich mir unbedingt was in den Mund schieben.

Egal – das Spiel wurde nach einer Stunde unterbrochen – Essenspause , da war ich nämlich nebenbei mit dem Kochen fertig. Ich bin sicher, dass er das mit Berechnung gemacht hat.

Nicht schlimm, ist ja auch schnell gemacht: Nackensteak, Kartoffeln, Soße, bisschen Salat und als Nachtisch einen Fertigpudding.

Nach dem Essen das Geschirr mit ins Waschhaus nehmen, noch schnell gemeinsam unter die Dusche (wir hatten ja ein Waschhaus für uns alleine), zurück zum Boot und ab in die Koje. Unsere 12-Volt-Beleuchtung haben wir an diesem Abend gegen eine Petroleumlampe getauscht. Und so liegen wir aneinander gekuschelt, den Blick durch die Plexiglasscheibe Richtung Himmel.

Jetzt bloß keine unbedachte Bewegung, denke ich, die Stephan auf die Idee bringen könnte, den Tag mit wildem Sex ausklingen zu lassen. Das nach einer Minute einsetzende leichte Schnarchen zeigte mir, dass dieser Gedanke unbegründet war.

Es ist so schön, wenn einen das leichte Schaukeln und ab und zu das Klappern der Wanten in den Schlaf wiegt.

Der nächste Morgen. Die Rache für das Berechnen beim Backgammon-Spiel: Unmissverständlich machte ich Stephan klar, dass ich mir gestern Abend doch eigentlich noch Sex gewünscht hätte. Was dazu führte, dass sein schlechtes Gewissen mir ein wunderschönes Frühstück im Bett bescherte.

So ist das halt: Es kommt alles auf einen zurück.

Nach dem Frühstück (Wetter: acht Grad, Sonne und frischer Wind) laufen wir aus dem Hafen Kloss Richtung Meiningenbrücke.

Meiningenbrücke

DIE MEININGENBRÜCKE ist das größte Hindernis in der Boddenlandschaft, zumindest für Schiffe. Sie schafft eine schnelle Verbindung zwischen Barth und dem Ort Zingst, von wo aus wir heute den Prerowstrom befahren wollen, um am Ende im Hafen von Prerow festzumachen.

Wir nehmen die Brückenöffnungszeit 9:30 Uhr. SPANNEND. Es ist unsere erste Brücke. Auf dem Bodensee hatten wir sowas ja nicht. Pünktlich klappt die Autostraße nach oben und die davorliegende Eisenbahnbrücke dreht zur Seite weg. Als das Signal zur Durchfahrt erscheint, sind wir unbegründeterweise etwas aufgeregt und ganz gespannt, was uns hinter der Brücke erwartet.

Der freie Blick auf den Bodstedter Bodden.

Doch wir biegen rechts in die Fahrrinne des PREROWSTROMs, der sich wie ein Fluss durch die Landschaft schlängelt und in Prerow endet. Nach der Einfahrt in das schmale Gewässer erwartete uns eine unglaubliche Natur. Spiegelglattes Wasser, schilfgesäumte Ufer und vom Wind gezeichnete Bäume, die sich in der Wasseroberfläche widerspiegelten. Selbst die kleinsten Wolken konnte man im Wasser sehen. Kein Haus am Ufer. Keine Straße, die den Strom begleitet. Keine Autogeräusche. Keine Menschen. Nur die Zugvögel, die im Frühling aus dem Norden kommen, und sonst nichts. Wir lassen den Motor fast im Leerlauf drehen und gleiten langsam über den Strom. Ich sitze am Steuer und werde von Stephan mit Kaffee versorgt. Na, hat er immer noch ein schlechtes Gewissen? Er löst mich ab. Ich schnappe mir die Kamera und setze mich vorne am Bug, um durch ich weiß nicht wie viele Bilder die vielen neuen Eindrücke festzuhalten, begleitet von dem Gefühl, alleine zu sein.

Alles, was ich hier beschreiben würde, würde der tatsächlichen Schönheit dieser Gegend nicht gerecht werden. Solltet ihr also hier mal lang kommen, fahrt langsam und genießt es.

Prerowstrom

Nach etwa einer Stunde erreichen wir **PREROW**, das boddenseitig liegt und durch einen wunderschönen Naturwald von der Ostsee getrennt ist. Hier befindet sich auch auf der Seeseite der Nothafen von Darß und der Darßer Leuchtturm.

Anlegen im Wasserwanderrastplatz Prerow

Langsam sind wir es gewohnt, dass wir das erste Boot im Hafen in dieser Saison sind – und so war es auch hier. Wieder durften wir das Damenwaschhaus für uns beide alleine nutzen und der Hafenmeister installierte für uns noch schnell die Waschmaschine. Ein himmlischer Ort der Ruhe. Weiter vorne im Hafen liegen zwei Fahrgastschiffe. Eines davon ist die Riverboat – ein Schaufelraddampfer, der den Prerowstrom bis Zingst befährt. Den Darßer Wald, der mit vielen Radwegen durchzogen ist und unter anderem zum wunderschönen, naturbelassenen Weststrand führt, also weg von der Promenade von Prerow, der Seebrücke und den Touristen. Wie kann man diese Landschaft beschreiben? Am besten, ihr schaut euch den von uns gemachten Film über Prerow und den Weststrand an, beziehungsweise die

Radtour zum Darßer Leuchtturm, um einen Eindruck zu bekommen. Wenn ihr mal in Prerow seid, solltet ihr euch auf jeden Fall die alte Seemannskirche anschauen. Dort habe ich einige Stunden mit meiner Handpan Musik gemacht. Eine unglaublich schöne Akustik.

Ich muss aufpassen, dass nicht in jedem zweiten Satz das Wort „schön" vorkommt. Aber es ist einfach unheimlich schön hier.

Mit dem Rad durch den Darßer Urwald zum Weststrand

Märchenhafter Weststrand

Auslaufen aus dem Prerower Hafen

Das erste Mal sind wir zwei Wochen geblieben, bevor es weiter in der Boddenlandschaft Richtung Wiek ging.

Danach ein paar Tage im Hafen von **BORN**, bevor wir das zweite Boddenhindernis, die sogenannten Bülten, durchquerten.

Hafen Born

DIE BÜLTEN sind unterschiedlich große Schilfinseln, durch die sich eine schmale Fahrrinne schlängelt, bevor man auf den Saaler Bodden kommt, wo das einzige wirkliche Segelrevier hier ist. Der geringe Tiefgang außerhalb der Fahrrinne machte das Segeln schwierig. Und so freuten wir uns, bei einer Windstärke von 2-3 Beaufort, mal wieder segeln zu können, um nach der Überquerung die Häfen von Altenhagen und Dierhagen anzulaufen.

Bülten vor Born

Mit jedem Tag werden wir ruhiger, zeitloser und entspannter. Nicht mehr getrieben, möglichst schnell das nächste Ziel bzw. den nächsten Hafen zu erreichen. Klar freut man sich, etwas Neues zu sehen, aber bei der Abfahrt sieht man erst an der Liegegebühr, wie viele Tage wir im jeweiligen Hafen waren.

Hafen von Althagen am Saaler Bodden

Eigentlich
könnte man in
den Bodden
auch den
ganzen
Sommer
verbringen.

Die Sache mit den Bildern

Hier in Dierhagen war es auch, dass wir eines Abends die hunderten von uns gemachten Fotos anschauten und feststellten, dass wir bei ganz vielen gar nicht mehr wussten, wo wir sie aufgenommen haben. Vielleicht kennt ihr das aus dem Urlaub. Man macht ein digitales Bild nach dem anderen und wenn man die Bilder zu Hause betrachtet, lassen sich die Orte manchmal nur schwer zuordnen. Das sollte sich ab heute ändern.

Von diesem Tag an haben wir versucht, nur noch ganz bewusste Fotos zu machen: Das Schöne, was man fotografieren wollte, genau zu betrachten. Die Augen für eine Minute geschlossen zu halten. Sich die Situation vor dem inneren Auge abzurufen. Die Geräusche wahrzunehmen. Den Geruch zu verinnerlichen. Dann die Augen zu öffnen und diesen Augenblick ganz bewusst im Kopf abzuspeichern, bevor man ein Foto macht.

Versucht es mal – es ist toll, wenn man sich dann später das Foto ansieht, die Augen schließt, um in der Vorstellung wieder an diesem Ort zu sein, zu riechen und zu hören, was in diesem Augenblick wahrzunehmen war. Bestimmt kennt ihr das auch von früher. Ich meine, Bilder auf einem Film machen

– ein Film mit 24 bzw. 36 Aufnahmen für den ganzen Urlaub. Zu Hause zum Entwickeln bringen, ganz gespannt warten, bis man sie wiederbekommt, da wusste man doch fast immer, welches Foto man wo gemacht hatte.

Oh, wie gerne würde ich die vielen tollen Augenblicke in meinem Herzen abspeichern, um sie später einmal nach Bedarf wieder abrufen zu können, um in Gedanken die Reise immer wieder zu wiederholen. Ich arbeite daran, und es wird jeden Tag besser.

Zeesboote im Hafen von Dierhagen

Am 6. Mai haben wir uns entschlossen, nach einem letzten Abstecher nach Ribnitz-Damgarten, dem westlichsten Hafen in der Boddenlandschaft, über Zingst zurück zu segeln, um dann die Boddenlandschaft Richtung Stralsund zu verlassen. Blauer Himmel und wenig Wind ließen uns in Zingst noch ein paar Tage festmachen in der Hoffnung, doch noch ein paar **BERNSTEINE** zu finden. Hier auf dem Bild seht ihr unseren ersten, aber auch leider den letzten, den wir gefunden haben.

Stephans Bernsteinfund am Strand

Die Sache mit dem Sonnenaufgang

Es ist 5 Uhr morgens, ich werde durch die Kaffeemaschine geweckt, die Stephan falsch programmiert hatte. Der Geruch von frischem Kaffee lässt mich aus der Koje kriechen und, um Stephan nicht zu wecken, verlasse ich die Kajüte mit meinem frischen Kaffee in der Hand. Verdammt frisch um diese Uhrzeit (und damit meine ich nicht den Kaffee). Mit einer Decke unter dem anderen Arm mache ich einen Spaziergang zum Strand.

Ich glaube, man nennt es die „BLAUE STUNDE", die Zeit, in der es langsam hell wird, aber die Sonne noch nicht zu sehen ist (dunkelblaues Licht, das langsam immer heller wird).

In meine Decke gewickelt schaue ich auf das Wasser der Ostsee, während sich der Horizont langsam rot färbt und sich das erste Licht im Wasser widerspiegelt (die Strandkörbe waren leider noch alle verschlossen, sodass ich mich einfach in den Sand setze). Das war so ein Moment, den ich für immer in mir abspeichern werde. Die ersten Möwen waren zu hören und sonst nur das leise Brechen der kleinen Wellen am Strand. Das Gefühl von tiefem Frieden umgab mich, als die Sonne langsam höher stieg und die ersten Strahlen, die meinen Körper trafen, mich erwärmten. Je höher die Sonne stieg, desto mehr veränderte sich das Licht in ein Goldgelb, dabei immer heller werdend.

Wie oft in meinem Leben wurde ich schon gefragt: „Hast du gestern den Sonnenauf- oder -untergang gesehen?" und ich habe mit „Ja" geantwortet, nur weil ich, als ich zur Arbeit fuhr, das rote Licht am Horizont bemerkte. Jetzt aber wurde mir bewusst, dass ich den Sonnenaufgang in diesem Moment das erste Mal in meinem Leben wirklich sehe. Sehen ist eigentlich falsch; erleben, also fühlen. Die Kälte, bevor die Sonne meinen Körper erreicht, die Stille und die ersten Geräusche des Tages und die Wärme, die von der Sonne ausgeht, wenn sie meinen Körper erreicht.

Über eine Stunde habe ich dort gesessen und das war bestimmt nicht mein letzter Sonnenaufgang, den ich erlebt habe.

Ich habe nicht einmal Fotos gemacht, das zeigt schon, wie tief beeindruckt ich von diesem Erlebnis war und wie wenig Zeit ich mir vorher für solche Dinge genommen habe.

Stephan schlief immer noch, als ich zurück auf dem Boot war. Ich habe mich in die Koje gelegt und bin tatsächlich noch mal für eine Stunde eingeschlafen (schön, wenn man diese Zeit hat). Ich weiß noch, wie ich dachte: „Dieser Tag kann wirklich nur gut werden, wenn er so anfängt."

Ich kann euch nur empfehlen, euch die Zeit für solche Dinge im Leben zu nehmen.

Da ich an diesem Morgen nicht mal Fotos gemacht habe und es wirklich eingehalten habe, ganz viele Sonnenaufgänge anzuschauen, hier ein Foto von einem anderen Sonnenaufgang.

Ist dieses Bild nicht schön? Wie ein aufsteigender Engel, dessen Wärme einen langsam umarmt.

Bevor wir die Boddenlandschaft verlassen, verbringen wir noch eine Nacht in Barth. Diesmal im

Hafen Yachtservice, der uns sehr gut gefallen hat und sogar über eine Sauna verfügt.

Kapitel 5: Von Stralsund nach Stettin

Am nächsten Morgen fahren wir bei immer noch blauem Himmel an Barhöft vorbei Richtung Stralsund.

Zur blauen Stunde links ein Blick auf die Insel Hiddensee

Unsere heutige Fahrtdauer beträgt etwa drei Stunden. Die Stadt **STRALSUND** gilt als das Tor zur Insel Rügen und gehört zu den Hansestädten. Das Stadtrecht erhielt sie 1234. Sie liegt genau gegenüber von der Insel Rügen auf dem Festland. Rügen ist übrigens die größte Insel Deutschlands und angeblich die sonnenreichste. Sie umfasst 976 Quadratkilometer. Aber Rügen und Hiddensee wollten wir uns ja für das Ende der Reise aufheben. Wir hatten vor, die Rügenbrücke mit der Öffnungzeit um 12:20 Uhr zu passieren. Natürlich waren wir 15 Minuten zu spät, sodass wir uns bis 17:20 Uhr, der nächsten Öffnungzeit, noch die Innenstadt von Stralsund anschauen konnten. Gefiel uns sehr gut.

Hafenbecken Stralsund mit Gorch Fock

Mit sechs Knoten fuhren wir anschließend durch die hochgeklappte Ziegelgrabenbrücke Richtung Greifswald. Die Entfernung von Stralsund nach Greifswald beträgt 21 km. Kurz nach der Brücke liegen backbord einige Ankerplätze.

Ab der Rügenbrücke wechselt die Betonnung. Hier ist die Fahrrinne nicht mehr so eng wie im Bodstedter Bodden (wo wir uns festgefahren hatten) und man braucht sich nicht mehr ganz so streng danach zu richten. Nachdem wir den Greifswalder Bodden überquert hatten, kamen wir an die Mündung des Flusses Ryck. Der Greifswalder Bodden ist ein sehr flaches Gewässer, wodurch bei Windstärken von drei bis vier Beaufort schon sehr kabbelige Wellen entstehen können. Der Fluss Ryck führt direkt nach Greifswald. Nach der Mündung kommt die Brücke von Wieck. Wir haben uns entschieden, rechts vor der Brücke festzumachen und zu übernachten. Diese nach holländischem Stil gebaute Brücke war ursprünglich weiß und wurde vor Kurzem aus tropischem Holz neu gebaut und bietet einen sehr schönen Anblick im Abendlicht durch unsere kleinen Bullaugen. Ab einer Windstärke von sieben Beaufort wird die Wiecker Brücke nicht mehr geöffnet.

Klappbrücke Wieck

Von hier aus sind es noch ca. 4,5 km auf dem Fluss Ryck bis nach Greifswald. Wir haben also für den nächsten Tag nur eine sehr kurze Strecke vor uns. Stephan hat sich vorgenommen, morgen erst mal richtig auszuschlafen, etwa gegen Mittag im Greifswalder Stadthafen, dem sogenannten Museumshafen, anzukommen, und so haben wir es auch gemacht.

Der nächste Morgen GREIFSWALD

Der Fluss Ryck ist nicht betonnt, bietet aber gute Ausweichmöglichkeiten bei entgegenkommendem Schiffsverkehr. Auf der kurzen Strecke befinden sich immer wieder Schiffsanleger, die sich auch für kurze Unterbrechungen eignen.

Mir persönlich gefallen diese Flussfahrten unheimlich gut. Man kann die wechselnde Uferlandschaft betrachten und im Schilf immer mal wieder auftauchende Tiere sehen. Am Anfang von Greifswald befindet sich der große Yachthafen. Aber wir versuchen ja sowieso meistens, direkt in die Stadthäfen zu kommen, weil wir das Flair dieser alten Häfen so gerne mögen. Nach telefonischer An-meldung beim Hafenmeister, stand dem auch nichts im Wege, und er wies uns einen Liegeplatz direkt am Hafenmeisterhäuschen an der Kaimauer zu.

In dem von 1260 stammenden Backsteinturm direkt am Hafen hat sich der Hafenmeister einquartiert und für uns, auch im

Rückblick auf die anderen, noch kommenden Häfen dieser Reise, war das wohl das gemütlichste Hafenmeisterhäuschen, was wir je gesehen haben.

GREIFSWALD wurde schon im 13. Jahrhundert von Mönchen des nahen Klosters Eldenah geründet. 1248 erhielt Greifswald das Stadtrecht und schon 34 Jahre später trat es der Hanse bei. Greifswald verfügt unserer Meinung nach über einen der schönsten Marktplätze der Region, der eigentlich aus zwei Marktplätzen besteht: dem fast quadratischen Hauptmarktplatz und dem kleineren Fischmarkt. Zwischen den beiden erhebt sich ein riesengroßes Backsteingebäude: das Rathaus.

Marktplatz Greifswald

Greifswald bietet alle Versorgungsmöglichkeiten, die man als Bootseigner benötigt. Direkt am Hafen ist auch die Segelmacherei „Tuchwerkstatt", wo wir am nächsten Tag unser Segel ausbessern ließen. Super Service, preislich günstig und saubere Arbeit. Das Segel hält heute noch. Also, wenn ihr was habt, solltet ihr euch da melden. Es gibt jede Art von Bootsservice, bis hin zum Baumarkt mit Bootsabteilung. Von unserem Liegeplatz in die Innenstadt waren es fünf Minuten. Hier haben wir auch unseren Bootsproviant wieder aufgefüllt.

Museumshafen Greifswald

Zwei Tage sind wir geblieben, bis es uns weitertrieb Richtung Wolgast, eine Strecke von 27 Seemeilen. Und wieder verabschieden wir uns bei strahlendem Sonnenschein von Greifswald, um über den Fluss Ryck zurückzufahren in den Greifswalder Bodden. Wir segeln an Lubmin vorbei, wo man das alte Atomkraftwerk sieht, das als markante Landmarke dient. Dieses Atomkraftwerk wurde nach der Wende abgestellt und wird seither zurückgebaut.

Vor uns liegt nun der Peenestrom. Die Stadt Peenemünde haben wir ausgelassen. Bekannt ist Peenemünde durch die ehemalige Heeres-versuchsanstalt. Im Vorbeifahren sieht man das große U-Boot, das heute als Museum dient.

Direkt am Eingang von Wolgast legen wir am Hafen der Schiffswerft Horn an. Der Wind hat auf sechs Beaufort aufgefrischt. Der Hafen Horn ist bei stärkerem Nordostwind eigentlich sehr ungünstig, sodass wir eine schaukelige Nacht vor uns hatten. Aber erst mal besuchten wir zu Fuß die Innenstadt von Wolgast, ca. 10 Minuten entfernt.

Wolgaster Klappbrücke

Morgens sechs Uhr. Mir geht es das erste Mal nicht so ganz gut auf dem Boot. Ich glaube, die extreme Schaukelei der letzten Nacht hat meinen Magen etwas durcheinandergebracht. Nachdem Stephan mir einen Kamillentee gemacht hat, gleich eine ganze Kanne gekocht hat als Vorrat für den heutigen Törn, ging es mir etwas besser. Immer noch Windstärke fünf als wir aus dem Hafen Wolgast auslaufen.

Nach einer Erholungspause (für meinen Magen) in Rankwitz ging es weiter den Peenestrom entlang bis zur Zecheriner Brücke, wo wir dann das kleine Stettiner Haff erreichten. Immer noch Magenprobleme. Und so hatten wir vor, bei 80 cm

Wellen uns lieber einen geschützten Hafen zu suchen. Am geeignetsten erschien uns der Usedomer See, um in der Stadt Usedom anzulegen. Bei Nordostwind im Moment der beste Schutz. Kurz vor dem kleinen Haff passieren wir noch die Brücke von Karnin. Sie wurde im 2. Weltkrieg zerstört und nicht wiederaufgebaut.

Brückenrest in Karnin, hier herrscht eine sehr starke Strömung.

USEDOM

Die STADT USEDOM hat einen sehr kleinen Hafen, was wahrscheinlich mit dem geringen Tiefgang zu tun hat. Dort angekommen hatten wir immerhin 27

Seemeilen hinter uns gebracht – und das bei dem Kabbelwasser. Für unser Boot mit einem Meter Tiefgang war es kein Problem, den Hafen zu erreichen. Hoffentlich haben wir morgen ruhigeres Wasser.

Hafen der Stadt Usedom

Auf dem Usedomer See kam uns eins der uns schon bekannten Zeesboote entgegen. Nachdem der Kapitän längsseits ein paar Worte mit uns gewechselt hat und wir ihn über den Wellengang draußen informiert haben, sind sie auch gleich wieder zurück in den Usedomer Hafen.

Der kleine Hafen hat zur Versorgung nur eine Stromsäule und einen Container als Sanitäranlagen.

Oh, ist mir schlecht. Selbst auf dem kurzen Landgang hatte ich das Gefühl, dass das Schaukeln in mir nicht nachließ. Ist das vielleicht der Beginn und ich bekomme jetzt auch Seemannsbeine? (lach). Diesen breitbeinigen Gang, der das Schaukeln auf dem Schiff ausgleichen soll, na, hoffentlich nicht! Hinlegen und nur noch schlafen. Ganz im Gegensatz zu meinen sonstigen Gewohnheiten. Nichts mehr essen. Ich bin müde, versuche aber trotzdem krampfhaft, die Augen offen zu halten, denn wenn ich sie schließe, wird es nur noch schlimmer. Die Magentropfen haben auch nicht geholfen. Mein Tipp für solche Fälle: lesen und die Augen auf die Schrift konzentrieren. Irgendwann bin ich eingeschlafen und am nächsten Morgen war alles vergessen.

Der Hafen Usedom wurde übrigens 2019 zu einer Marina umgebaut, die wirklich einen Besuch wert ist. Bilder und die Beschreibung des neuen Hafens findet ihr auf unserer Internetseite www.sommerboot1.de

MÖNKEBUDE

Der Wind hatte nachgelassen und unserem nächsten Ziel, dem Hafen von Mönkebude, stand nichts mehr im Weg. Statt Kaffee wieder Tee heute Morgen. Und Stephan war so rücksichtsvoll, mit mir das Frühstück nach hinten zu verschieben. Wir laufen aus. Wenn es mein Magen zuließe, wollten wir heute die 16 Seemeilen über Mönkebude bis nach Ueckermünde zurücklegen. O.K.

Hafen Mönkebude

Doch eine Nacht bleiben in Mönkebude. Wir haben es ja nicht eilig. Solange wir es schaffen würden, die

Mecklenburgische Seenplatte noch vor Beginn der Sommerferien zu überqueren. Nach den Horrorgeschichten, die wir gehört haben, soll es in der Hochsaison dort manchmal sechs bis sieben Stunden Wartezeit vor den Schleusen geben. Das wollen wir uns nicht antun.

Ach ja, noch was zu Mönkebude: Die wollten dort tatsächlich acht Euro pro Tag für Internet. Ich weiß nicht, was die sich bei diesem Preis gedacht haben. Wir wollten sowieso weiter nach Ueckermünde. Wenn man darauf zufährt, sieht man schon die eingemauerte Mündung des Ueckerstroms. Auf dem Weg hierher liegen viele Reusen, sodass man

besonders bei schlechter Sicht sich an die Betonnung halten sollte.

Meinem Magen geht es übrigens besser. Hab es Stephan aber nicht gleich erzählt. Gab es mir doch ein angenehmes Gefühl, von ihm umsorgt und gepflegt zu werden.

Auf dem Ueckerstrom Richtung Ueckermünde gibt es viele Häfen zur Auswahl, wobei gleich nach der Einfahrt auf der Steuerbordseite sich ein kleiner Fischerhafen hervorhebt, den man uns empfohlen hat. Doch uns zieht es wie immer Richtung Stadthafen. Als wir an dem großen Yachthafen von Ueckermünde vorbeifuhren, wussten wir auch, warum. Nichts gegen diesen Hafen, aber das ist nicht unsere Welt. Boot an Boot an Boot an Boot. Wir lieben es eher etwas kleiner. Dieser Yachthafen hat 300 Liegeplätze.

Hier in Ueckermünde haben wir uns vorgenommen, Pfingsten zu verbringen und uns die Stadt und die Gegend etwas  anzuschauen. Was im wahrsten Sinne des Wortes INS WASSER FIEL. Der Regen begann, kurz nachdem wir festgemacht hatten, und hielt drei Tage an. Trotzdem muss ich sagen, im Nachhinein waren diese drei Tage nicht schlecht, aber zu privat, um näher darauf einzugehen. Stattdessen erzähl´ ich euch hier die Geschichte vom Backgammon-Spiel:

DIE GESCHICHTE VOM BACKAMMON-SPIEL

Wie schon erwähnt, haben wir uns vor der Fahrt viele Gedanken gemacht, um das Leben auf unserem kleinen, gemütlichen Boot möglichst reibungslos ablaufen zu lassen. Ich erwähnte ja schon, dass Stephan viele Dinge für mich angebaut und umgebaut hat, damit ich mich wohlfühle.

Eine Idee für dieses Zusammenleben war das Backgammon-Spiel. Und das geht so:

Backgammon ist ein altes arabisches Brettspiel, bei dem es darum geht, seine eigenen Steine in das gegnerische Feld und dann durch Würfeln vom Spielfeld zu kriegen. Der Gewinner des Spiels hat einen Wunsch frei. Das Ziel dieser Regel war, dass jeder von uns auch die Wünsche mal erfüllt bekommt, zu denen der andere keine Lust hat.

Natürlich haben wir uns auch die entsprechenden Regeln dafür ausgedacht.

- Regel Nr. 1: Der Wunsch sollte nicht länger als eine halbe Stunde dauern.

- Regel Nr. 2: Der Verlierer muss den Wunsch noch am selben Tag erfüllen.

- Regel Nr. 3: Der Wunsch darf dem Verlierer keine Schmerzen zufügen (beziehungsweise der Gewinner dem Verlierer nicht).

- Regel Nr. 4: Der Verlierer kann entscheiden, ob er eine Revanche möchte, oder nicht.

An einem Abend gelüstete es Stephan mal wieder danach, einen Wunsch von mir erfüllt zu bekommen. Also sagte er: „Lass uns spielen!"

Es kam, wie es kommen sollte: Er hat das erste Spiel natürlich verloren. Er verwies auf Regel Nummer 4, und so spielten wir die zweite Runde. Auch dieses Mal habe ich erneut gewonnen.

Um es kurz zu machen: Nach der fünften gewonnenen Runde musste ich leider die weitere Revanche verweigern, weil es schon 21:30 Uhr war und die Wünsche sonst bis Mitternacht nicht mehr zu erfüllen gewesen wären.

Meine gewonnenen Wünsche: eine Fußmassage, eine Rückenmassage, Abendbrot im Bett, das dazugehörige anschließende Abwaschen; eine Lymphdrainage für meine Beine konnte ich mir auch gut vorstellen.

Meine Idee war, die Reihenfolge der Wünsche etwas zu verändern, mich ganz entspannt unter die

Rotlichtlampe zu legen, um meinen Rücken vor der bevorstehenden Massage zu erwärmen, während Stephan schon mal abwäscht, um seine aufgekommene Wut etwas abzukühlen.

Womit ich nicht gerechnet hatte: Vor der Massage stellte Stephan die Eieruhr auf 30 Minuten und begann, jede Minute rückwärts zu zählen. Also 29, 28 Minuten und so weiter. Außerdem musste ich ihn dreimal zwischendurch erinnern, dass der Verlierer dem Gewinner keine Schmerzen zufügen darf (lach).

Nach der Massage wartete ich unter meiner wärmenden Rotlichtlampe auf mein Abendbrot im Bett.

Es folgte meine dreißigminütige Fußmassage, die mir mit Sicherheit gut tun würde nach unserem Spaziergang durch Ueckermünde. Nach der Erfüllung meiner Wünsche schaute ich im Bett auf den mir zugewandten Rücken und fragte ihn: „Was hast du denn eigentlich für einen Wunsch gehabt?" Antwort: „Egal, ich bin müde!" „Stört es dich, wenn ich noch ein bisschen Fernsehen schau´?" Antwort: „Nimm den Kopfhörer!" „Bekomme ich heute keinen Gute-Nacht-Kuss?" Antwort: „Hättest ihn dir ja wünschen können!"

Dies waren an diesem Tag die letzten Worte, die zwischen uns gewechselt wurden.

Am nächsten Morgen wurde ich durch Klappern in unserer Bordküche geweckt. Sah grade noch, wie Stephan die Eier ins kochende Wasser legte und die Eieruhr stellte.

„Hast du sie auf 30 Minuten gestellt?", fragte ich, „um zu sehen, wie lange du zum Frühstückmachen brauchst?" Der Vormittag war gelaufen. Ich schaute mir trotz Regen die Innenstadt von Ueckermünde an. Am Nachmittag war die Zeit, darüber zu reden. Wir beschlossen neue Regeln.

Die erste davon lautete keine Regeln mehr aufzustellen und das war wohl auch gleich die wichtigste, die wir aufgestellt haben.

Für Stephan hat das nicht mehr viel gebracht. Von da an wurde unser gemütliches Backgammon-Spiel für ihn zu einem Kampf, in dem es nicht mehr zu akzeptieren war, zu verlieren. Ich weiß nicht: War es bei ihm verletzter Stolz oder der männliche Drang, gewinnen zu müssen. Auf jeden Fall stand unser Backgammon-Spiel noch zwei Wochen unbenutzt im Regal, bevor ich es in den Schrank räumte.

Von da an, wenn ich einen Wunsch hatte, brauchte ich ihn nur zu äußern mit dem Zusatz „Oder wollen wir lieber darum spielen?" Lustig! Wir haben seitdem das Backgammon-Spiel nicht mehr aus dem Schrank geholt.

Die Erkenntnis aus dieser Geschichte: Regeln und Gesetze sind nicht unbedingt die Lösung für ein zufriedenes Zusammenleben. Wir sind wieder zu dem Anfang zurückgekehrt, möglichst das zu tun, was für den anderen auch gut ist – ohne darum zu spielen.

Und das werden wir auch ab jetzt in Zukunft beibehalten.

Vielleicht könnt ihr euch vorstellen, wie es ist, von jemandem eine Massage zu kriegen, der gar keine Lust dazu hat. Oder der einem Abendbrot mit den Worten hinstellt: „Das Gurkenglas kannst du ja wohl selbst öffnen!"

STETTINER HAFF

So, der Regen ist nach drei Tagen vorbei, die Sonne kommt wieder raus, Wind zwei Beaufort, als wir den Hafen von Ueckermünde verlassen, um über das Stettiner Haff Richtung Stettin zu segeln. Den ersten Teil der Strecke legen wir mit zehn bis elf Knoten zurück. Dann, gegen Mittag, schläft der Wind ein. Stephan hat für diesen Teil der Strecke das Kommando übernommen und ich als gehorsamer Smudje sorge für sein leibliches Wohl und mache ihm Frühstück.

Plötzlich und unerwartet, bei absoluter Flaute, traf uns mitten auf dem Stettiner Haff eine Plage biblischen Ausmaßes.

Auf dem Stettiner Haff

Von einer Sekunde auf die andere war das Boot von Millionen von Fliegen angegriffen worden (Gott sei Dank keine Mücken). Das weiße Segel verfärbte sich grau, nur durch die Farbe der kleinen Insekten. Sie waren überall. In den Haaren, in jeder Ritze auf dem Boot, und sogar die Kajüte war voll.

So schnell, wie der Spuk gekommen war, war er auch wieder vorbei. Wir haben bis heute nicht verstanden, was da passiert ist. Aber noch Wochen später von diesen Fliegen welche in unserem Boot gefunden.

Stephan am Steuer

Voraus kamen die beiden Leuchtfeuer in Sicht, die das Fahrwasser im Stettiner Haff markieren. Von hier kann man zum Kanal Piastowski (Kaiserfahrt) abbiegen, der die künstlich hergestellte Verbindung zwischen Stettiner Haff und Swinemünde an der Ostsee bildet. Wir fahren weiter über das Oderdelta zur Oder.

Leuchtfeuer im Stettiner Haff

Von der Wassertiefe her, hätte man gut das Stettiner Haff weiter unter Land überqueren können, wären da nicht die überall aufgestellten Stellnetze, die eine gefühlte Länge von 1000 und mehr Metern haben. Und teilweise direkt neben der Fahrrinne beginnen.

Ups, wir wollten ja eigentlich in der Odermündung nach Ziegenort. Haben wir leider verpasst. Also weiter Richtung Stettin. Am Nachmittag um halb drei erreichten wir steuerbord querab bei der Tonne 70 den

Hafen Goclaw. Das ist der erste Hafen direkt vor Stettin. Hier wollten wir unser Segelboot wieder in ein Motorboot verwandeln bzw. den Mast legen für unsere bevorstehende Tour durch Mecklenburg-Vorpommern. So sind wir nun also in Polen in einem Hafen, der nur durch einen breiteren Damm von der Oder getrennt ist, um am nächsten Morgen den Mast zu legen.

Stephan hat auf unserem kleinen Segelboot eine Mastlegevorrichtung angebaut, wodurch es keine größeren Schwierigkeiten dabei geben sollte. Die niedrigste Brücke in Stettin ist 3,40 m. Aber das ist dann auch egal, denn unter zwölf Meter hätten wir sowieso nicht durchgepasst. Zweieinhalb Stunden haben wir dann doch dafür gebraucht. Stephan ist ja der Meinung, das lag an mir, weil ich so lange brauchte, die Wanten zu sortieren.

Auf der Oder vor Stettin

Ganz wichtig in Polen ist die Gastlandflagge, darauf legt man hier sehr großen Wert.

Den nächsten Morgen erwarteten uns die Brücken von Stettin. Ganz gegen unsere Gewohnheiten haben wir bei strahlendem Sonnenschein ausgiebig und lange draußen gefrühstückt, bevor wir den Motor anwarfen und den Hafen verließen.

Unser heutiger Törn führt uns durch Stettin über die Westoder bis zum Hafen von Gartz. Übrigens: Seit wir unseren Vorsatz befolgen, die Handys vor dem Ablegen auszuschalten, haben wir auch kein störendes Klingeln mehr dabei. Auch die Fotos haben sich mittlerweile auf das Wesentliche konzentriert.

Eine der vielen Brücken von Stettin

KAPITEL 6: AUF DER WESTODER

Um auf der Westoder zu fahren, braucht man sich in Stettin eigentlich immer nur rechts zu halten. Der Vorteil der Westoder besteht darin, dass sie kaum Strömung hat. Also, die Fahrt über Grund fast genau die gleiche Geschwindigkeit wie durch das Wasser hat. Die Ostoder hingegen hat im Normalfall zwei Knoten Strömung. Also bergauf lieber Westoder, bergab andersrum. Je mehr man auf die Innenstadt zufährt, je belebter wird es am Ufer. Rechts taucht die bekannte polnische Werft Solidarnosc auf. Und dann folgt eine Brücke der anderen. Mitten in Stettin liegt rechts der große Bahnhof. Kurz nach Stettin befindet sich eine kleine Insel, die auf der Seekarte und auf unserem Navi nicht verzeichnet ist. Aber eine Beschilderung weist darauf hin, auf welcher Seite man sie passieren muss.

Als krassen Gegensatz haben wir die Natur empfunden, die direkt hinter der lebendigen und lauten Stadt beginnt. Nach kurzer Zeit tauchen am Ufer nur noch selbst gebaute Anglersitze auf, ab und zu auch mal besetzt von einem Angler.

Das Bild wird jetzt geprägt von bewaldeter Uferlandschaft mit vielen Fischreihern und Kormoranen, die hier ihre Nester auf Bäumen bauen.

Auf der Oder

Von Stettin bis Gartz sind es ca. 14 Seemeilen. Habt ihr gemerkt? – Meine Geschwindigkeits- beschreibung wechselt immer mehr von Kilometern auf Seemeilen. Bald bin ich keine Landratte mehr.

Durch die Geschwindigkeitsbegrenzung auf 10 km/h auf der Westoder, waren es etwa drei Stunden, die wir gebraucht haben mit unserem kleinen 6-PS-Motor.

Auf den Binnengewässern gibt man gegenüber dem offenen Meer die Strecke wieder in Kilometern an.

Diese Strecke lohnt sich sogar, langsamer zu fahren, wenn man die Ruhe und die Stille der Natur mag.

Stephan hat mich wieder am Ruder abgelöst und ich setze mich vorne am Bug. Hier hört man den Motor fast gar nicht. Nur das leichte Plätschern der Bugwelle. Ich genieße die Fahrt. Wenn man den Ort Mescherin passiert, wird die Oder zum Grenzfluss zwischen Polen und Deutschland. Außer den ab und zu auftauchenden Grenzpfählen auf beiden Seiten würde man das heute gar nicht mehr merken. Mescherin hat auch eine Anlegestelle für Wasserwanderer, die sich für eine Pause anbietet. Wir fahren weiter.

GARTZ AN DER WESTODER

GARTZ hat einen wirklich empfehlenswerten Wasserwanderrastplatz mit Blick auf die Oder und eine nette kleine Innenstadt, in der die Kirche aus dem 13. Jahrhundert hervorzuheben ist sowie natürlich die Überreste der riesigen Stephanskirche, von der nur noch Ruinen zu sehen sind.

Wasserwanderrastplatz Gartz an der Westoder

Direkt am Liegeplatz befindet sich ein kleiner Imbiss mit einigen Außensitzplätzen und Preisen, die uns begeistert haben: Wo kriegt man schon noch eine Portion Pommes für 1,50 Euro? Während wir dort saßen und auf die Oder schauten, wurde mir bewusst, was sich in der letzten Zeit schon alles bei mir verändert hat:

Ich habe tatsächlich die letzten drei Stunden unserer Fahrt zwei Stunden am Bug des Schiffes verbracht, ohne etwas zu tun oder auch nur das Bedürfnis zu haben. Habe ganze fünf Fotos gemacht, nicht einmal den Gedanken gehabt, die Zeit nutzvoller verbringen zu können, die Kajüte aufzuräumen oder das Deck zu putzen. Einfach nur dagesessen, die vorbeiziehende Landschaft betrachtet, diese nicht mal im Kopf kommentiert und bewertet und das als Schwabe. Könnt ihr euch das vorstellen? Ich muss innerlich grinsen, wenn ich daran denke, dass Freunde und Bekannte aus dem Schwabenland das lesen. Auch wenn ihr es nicht glaubt, Leute – es ist wirklich so. Man kann Achtsamkeit und Gelassenheit üben und lernen. Und die Welt geht WIRKLICH nicht unter, wenn man nicht alle Nachrichten, SMS, E-Mails oder das Weltgeschehen in Echtzeit verfolgt. Hab mir angewöhnt, wenn Stephan mich fragt: „Was ist heute für ein Tag?", immer mit „SONNTAG" zu antworten. Seit über zwei Monaten ist jeder Tag für mich Sonntag. Unglaublich. Wenn ich jetzt, während ich dies schreibe, die Frage stelle, wie spät es ist: Ich weiß es nicht. Zeit hat für mich eine ganz andere Bedeutung bekommen. Und unterteilte sich auf unserer Reise immer mehr in Einheiten wie HUNGER oder MÜDE. Nicht in „Ich muss heute noch dies tun oder das tun, oder was sollen die Leute denken, wenn ...". IRRE!

Um unser nächstes Ziel zu erreichen, die Müritz, gibt es zwei Möglichkeiten:

Schiffshebewerk Niederfinow

entweder über das große Schiffshebewerk uns auf den Oder-Havel-Kanal heben zu lassen oder die ehemalige Verkehrswasserstraße, den Finowkanal, zu nutzen. Dieser dient heute eigentlich nur noch dem Tourismus. Auf dieser Strecke sind dreizehn kleine Schleusen zu überwinden, die alle heute noch von Hand betrieben werden.

Wir entscheiden uns für den Finowkanal, weil er landschaftlich viel schöner ist und auch viele schöne Anlegestellen bietet. Also, los geht's! Über die Westoder die **Hohensaaten-Friedrichsthaler Wasserstraße** zum Finowkanal. Wir wissen nicht, wie weit wir heute kommen, da die Liegezeit vor den einzelnen Schleusen nicht berechenbar ist.

Auf der Westoder treffen wir immer wieder auf polnische Kohleschiffe.

Das Wetter ist gut und es sollen heute 28 Grad werden. Vor dem Finowkanal liegt noch die einzige Schleuse der Westoder.

Kurz davor machen wir noch an der Marina Oderberg fest, um zu kochen und eine kleine Mittags- pause einzulegen.

KAPITEL 7: DREIZEHN SCHLEUSEN AUF DEM FINOWKANAL

Als nächstes treffen wir auf das große Schiffshebewerk, das wir rechts liegen lassen. Hier werden die Schiffe 38 Meter in die Höhe gehoben, was natürlich die vielen kleinen Schleusen, dreizehn an der Zahl, mit einer Hubhöhe von drei bis dreieinhalb Metern erspart. Vor dem Finowkanal erwartet uns die erste handbetriebene Schleuse:

Handbetriebene Schleuse am Finowkanal

Historische Schleuse Liepe am Finowkanal

Die Schleuse Liepe. Direkt vor den Schleusen, befinden sich immer Anlegestellen für Sportboote.

Weiterhin erwarten uns auf dem Finowkanal drei Klapp- oder Hubbrücken. Alle diese Schleusen sind um 1830 erbaut und funktionieren immer noch wunderbar, allerdings mechanisch, das heißt, es ist immer ein Schleusenwärter nötig, der die Tore auf- bzw. zukurbelt und das Wasser rein- oder rausfließen lässt. Wenn man das jetzt mit der Ruhe und Langsamkeit immer noch nicht verstanden hat: Jetzt lernt man es mit Sicherheit.

Die Abstände zwischen den Schleusen betragen ungefähr drei Kilometer und die zulässige Höchstgeschwindigkeit ist sechs km/h. Auf der Backbordseite kommt ein Hinweisschild: zur **MARINA EISVOGEL**. Vorher noch eine Schleuse, in der wir, wie vorgeschrieben, den Motor ausmachen. Das Schleusentor öffnet sich. Ich ziehe an der Reißleine und während ich im Motor irgendetwas abbrechen höre, halte ich die Reißleine in der Hand, ohne noch vorhandene Verbindung zum Motor.

Marina Eisvogel am Finowkanal

Im Hafen Eisvogel am Finowkanal

Superschöner Hafen, hier könnte man auch länger bleiben. Service spitze, der Hafenmeister telefonierte sofort nach einem Bootsservice, der wiederum gleich mit den Ersatzteilen erschien. Diesen Kranz oben am Motor, wo die Anreißleine drinnen langläuft (weiß nicht genau, wie das Ding heißt), tauschte er aus und alles funktionierte wieder. Gott sei Dank! Um 150 Euro erleichtert, bogen wir wieder auf den Finowkanal ein. Vielen Dank nochmal an den Rastplatz Eisvogel. Die kommenden Kilometer hat Stephan versucht, das Boot immer im Schatten der am Ufer stehenden Bäume zu halten, damit ihm bei stahlblauem Himmel und 28 Grad nicht das Gehirn wegbrennt. Interessante Strecke, immer wieder Biberburgen und abgenagte Baumstämme, die ins Wasser ragen. Einer davon 20 cm unter der Wasseroberfläche quer über dem Finowkanal, und bumm ... knallten wir drauf.

Auf dem Finowkanal

Dass Stephan am Ruder saß, war Glück, denn es ersparte mir einen zweistündigen Vortrag über vorausschauendes Fahren. Also zurücksetzen, ganz dicht am anderen Ufer über die Äste im Wasser rutschen, und wieder einmal vor der nächsten Schleuse auf den Warteplatz. Schnell vom Boot und ab in den Schatten. Hatten zwar unseren

Sonnenschirm hinten auf dem Boot aufgespannt, bringt aber auch keine ausreichende Abkühlung bei null Wind und 28 Grad. Am schlimmsten ist es in den Schleusen, wenn man auf das ansteigende Wasser wartet und die Schleusenkammer von der Sonne wie ein Backofen aufgeheizt wird.

Dazu noch mal die Anmerkung: Vorsicht mit den Wünschen! Es könnte sein, dass sie erfüllt werden - wir wollten ja unbedingt Wärme.

KAPITEL 8: HAVEL-ODER-WASSERSTRAßE

Nach zwölf Schleusen kommt die Abzweigung zum Oder-Havel-Kanal.

Mit gelegtem Mast auf dem Oder-Havel-Kanal

Der Oder-Havel-Kanal führte uns bis zu Kilometer 70,5, um dann in den Vosskanal einzumünden. Hier ändert sich die Landschaft und wird etwas eintöniger. Ich vertreibe mir die Zeit am Bug und spiele etwas auf meiner Handpan. Über den Vosskanal erreichen wir den Ort Zehdenick. Direkt davor müssen wir eine Schleuse und eine Hubbrücke überwinden. Natürlich entscheiden wir uns wieder für den Stadthafen.

Klappbrücke der Havelstadt Zehdenick

Hat uns ganz schön geschafft die heutige Tour. Der Stadthafen von Zehdenick ist schön und hat alles, was man braucht.

Wasserwanderrastplatz Zehdenick

Von der Stadt selbst haben wir, obwohl sie einen netten Eindruck machte, nicht viel mitbekommen. Stephan zieht es weiter Richtung Elbe und so geht es weiter, gleich am nächsten Morgen, über die verschiedenen Seen bis nach Röbel. Um acht Uhr morgens werfen wir den Motor an, und fahren wieder mit 6 km/h ohne bestimmte Zielsetzung Richtung Müritz.

Die uns entgegenkommenden Schiffe, auch mittlerweile viele führerscheinfreie Charterboote, sollten unsere Wartezeiten vor den Schleusen teilweise auf zwei bis drei Stunden erhöhen. Ab hier ist die Geschwindigkeit auf dem Kanal auf 9 km/h begrenzt.

Hier beginnen auch im Gegensatz zum Finowkanal die Selbstbedienungs- schleusen. Man zieht an einem grünen Hebel und die Anzeigentafel verweist auf die dann folgende Einfahrt (Schleuse wird vorbereitet). Der Schleusen-  vorgang selbst ist vollautomatisch. Nach der Einfahrt wieder am Hebel ziehen und die Schleuse schließt sich.

Nach guter Seemannschaft versichert man sich vorher, ob noch andere Boote in Sicht sind, die noch in die Schleuse einfahren wollen. Schade, dass  bei Charterbooten die Schiffsführer auf solche Dinge nicht hingewiesen werden. Hierzu ein lustiges Erlebnis: Als wir auf den Ellbogensee kamen, sahen wir weiter weg eine Frau auf einem Boot eine rote Flagge aufgeregt hin und her schwenken, natürlich fuhren wir so schnell wie möglich hin. Und auf die Frage, ob wir helfen könnten: Ja, wir würden hier gerne wissen, ob wir hier ankern dürfen ... Das geht ja wohl gar nicht.

Auch im Hinblick auf Rücksichtnahme und Achtsamkeit kann man hier so einiges erleben, sodass man das Gefühl hat, dass die Einweisung bei Charterbooten oft in Motor anlassen, Gas vor und zurück, An- und Ablegen besteht ... schade! Leinen beim Anlegen über dem Steg, im knappen Bikini oder freien Oberkörper im Hafen einlaufen, laute Musik und Party am Liegeplatz, der wichtigste Proviant die Bierkiste, ist halt nicht unsere Welt, und nicht gerade Ausdruck guter Seemannschaft.

Solltet ihr euch also mal ein Boot chartern, wäre es nicht schlecht, sich vorher mit diesem Thema zu beschäftigen (ich hoffe, ich bin jetzt keinem auf die Füße getreten).

VON ZEHDENICK NACH RÖBEL AN DER MÜRITZ

Bei bewölktem Himmel legten wir um acht Uhr in Zehdenick ab – und waren gespannt, wo wir die nächste Nacht verbringen werden. Ihr wisst ja, dass man die Reisezeit auf dem Wasser, besonders auf den Kanälen, schlecht voraussagen kann.

Bis nach Fürstenberg sind es insgesamt fünf Selbstbedienungsschleusen. Mittlerweile macht uns das Schleusen keine Probleme mehr. Wir haben ja unterdessen genug Übung.

An den Ufern gibt es ständig Neues zu sehen, sodass die Fahrt nicht langweilig wird.

Es gibt viel Natur zu entdecken am Ufer der Havel

So schippern wir gemütlich dahin über die wunderschöne Havel.

Die Flusslandschaft ist hier überwiegend naturbelassen.

Die Havel-Wasserstraße wurde an die Größe des Finowkanals angepasst, weshalb hier keine Transportschiffe, sondern nur Wassersportler unterwegs sind. Echt erholsam gegenüber den vielen Kohleschiffen auf der Oder.

Je näher wir an die Müritz kommen, desto mehr Charterboote und Wohnwagen auf Booten und Hausboote kommen uns entgegen. Die skurrilsten Gefährte kann man hier auf dem Wasser sehen.

Ein Charterboot

Der erste größere See ist der Stolpsee – bei dem Ort „Himmelpfort". Ja, richtig gelesen: „HIMMELPFORT". Dieser Ort erhält alljährlich zu Weihnachten tausende Briefe an den Weihnachtsmann. Und alle werden beantwortet.

FÜRSTENBERG

Am Schwendtsee liegt der Ort Fürstenberg mit dem dazugehörigen Ortsteil Ravensbrück, wo sich das ehemalige Konzentrationslager befindet. Die damaligen Insassen waren hauptsächlich mit Torfstechen beschäftigt. Hier soll übrigens auch das bekannte Lied entstanden sein: „Wir sind die Moorsoldaten und gehen mit dem Spaten ins Moor".

Kurz vor der Schleuse Fürstenberg

In Fürstenberg werden die Wartezeiten für das Schleusen länger – und das erste Mal stellen wir uns an eine Schlange von Booten mitten auf dem See an, die alle – wie wir – weiter wollen Richtung Röbelinsee.

Die Vorstellung davon, wie es in den Sommerferien sein muss, lässt uns die Entscheidung treffen, möglichst schnell nach Plau am See zu kommen und die vielen Abstecher-Möglichkeiten auf der Seenplatte auszulassen.

Diese Entscheidung sollte sich später noch als richtig erweisen.

SCHLEUSE STEINHAVEL

Schon ist es Abend. Und auch heute haben wir wieder bei Kilometer 64 einen absoluten Traumplatz zur Übernachtung gefunden.

Was wir gut finden, hast du ja sicher schon mitbekommen. (Einsam, ruhig, mitten in der Natur, einfach perfekt.) Die nächste Öffnungszeit der Schleuse ist morgen um 9 Uhr, weshalb nicht mal vorbeikommende Schiffe unser Alleinsein unterbrechen.

Ausgeruht und völlig entspannt – der nächste Tag kann beginnen. Wie immer ein entspanntes Frühstück, Kaffeeration für den Tag kochen und weiter geht's über die Havel zum Ziernsee, anschließend zum Ellbogensee. Wir wechseln etwa stündlich an der Pinne.

Die Ein- und Ausfahrten der Seen sind jeweils mit großen, schwarz-weißen Rauten markiert.

Es ist beeindruckend, wenn sich der Tunnelblick, den man im Kanal bekommt, beim Einfahren in einen See plötzlich völlig weitet. Das ist immer so ein kleines AHA-ERLEBNIS, wenn man auf den nächsten See kommt.

Immer wieder ankernde Boote am Ufer.

Wir fahren weiter. Am Ellbogensee, der von dichtem Wald umgeben ist, und an einem Bungalow-Ferienpark vorbei. Es werden immer mehr Seen und Abzweigungen. Hier kann man bestimmt auch einen ganzen Sommer verbringen und ständig etwas Neues entdecken.

Auf dem Ellbogensee Richtung Müritz

In Priepert am Ellbogensee endet die Obere-Havel-Wasserstraße. Hier beginnt die **Müritz-Havel-Wasserstraße** bei Kilometer 0 und endet in der kleinen Müritz bei Kilometer 31,8.

Die Müritz-Havel-Wasserstraße zeigt sich bewölkt und diesig.

Kormorane am Beginn der Müritz-Havel-Wasserstraße

Nach dem Vilz- und Zotzensee kommt bei Kilometer 22 der Ort Mirow mit vielen Anlegestellen und Bootshäusern. Sieht toll aus.

Wir nehmen heute noch die letzte Schleuse vor der Müritz, die **SCHLEUSE MIROW** um 19:45 Uhr, und übernachten an einer Anlegestelle auf dem Mirower Kanal.

Schleuse Mirow

Übernachten am Mirower Kanal

Völlige Einsamkeit und Stille umgeben uns hier. Ein Fuchs lässt sich kurz blicken und läuft direkt an unserem Boot vorbei, wollte wahrscheinlich nur kucken, wer hier seine Ruhe stört.

Ansonsten: Stille.

Ein neugieriger Fuchs am Anleger

AUF DEM WEG ZUR KLEINEN MÜRITZ

Es war wunderschön, in dieser Stille zu frühstücken. Auch wir beide haben dabei kaum ein Wort geredet, um diese Ruhe nicht zu stören.

Wie gut, dass wir gestern noch die Schleuse Mirow genommen haben, so konnten wir heute schon vor neun Uhr unsere Fahrt fortsetzen.

KAPITEL 9: AUF DER MÜRITZ NACH PLAU AM SEE

Auf der kleinen Müritz angekommen, biegen wir an der grünen Tonne ELDE nach Backbord ab Richtung Röbel.

Röbel liegt am westlichen Ufer der Müritz. Es ist durch seine zwei Kirchtürme schon von Weitem zu erkennen: der Turm der St.-Marien-Kirche und der Turm der Nikolai-Kirche. Häfen sind es drei. Wir haben uns für den mittleren entschieden, da wir alle drei nicht kennen, wird die goldene Mitte schon das Richtige sein. Ist ja oft so im Leben. Der Hafen Marina Röbel-Müritz verfügt über schöne Anlegestege und ist nicht sonderlich überfüllt. Nach der vielen Ruhe sind wir laute Häfen auch nicht mehr gewöhnt.

Marina Röbel-Müritz

Beim Anlegen ist Stephan ausgerutscht und genau mit dem Knie auf die Klampe am Boot gefallen. Also statt wie sonst gleich die Fahrräder von Bord, um den Ort zu erkunden, erst mal ein dickes Kühlpad auf das Knie. Die kommende Nacht war kurz und unruhig. Stephan konnte wegen starker Schmerzen nicht schlafen. Das Knie lässt sich kaum noch beugen und ist doppelt so dick wie das andere. Er hat es nicht mal bis zum Waschhaus geschafft. Das nächste Krankenhaus befindet sich in Waren an der Müritz. Also mit dem Sonnenaufgang ablegen und einmal über die Müritz Richtung Waren. Stephan sitzt an der Pinne, das Bein hochgelegt auf die Backskiste, und ich erledige den Rest an Bord. Suche die Nummer vom Hafenmeister aus Waren, Stadthafen. Bitte schon mal um einen Liegeplatz nicht weit von den Waschhäusern wegen der Knieverletzung.

An der Ansteuerungstonne „Dicker Baum" vorbei, mit 197 Grad, erreichen wir die grüne Tonne Eldenburg am Eingang der Binnenmüritz. Hier geht es links ab zum Kölpinsee, doch wir fahren weiter zum Stadthafen von Waren.

Obwohl die Gastliegeplätze etwas weiter weg liegen, hat uns der Hafenmeister einen Platz direkt bei den Waschhäusern reserviert. Sehr nett. Vielen Dank dafür!

Waren liegt voraus

Ich hole die Klappräder vom Boot, da hat sich der Elektromotor der Räder das erste Mal richtig bewährt. Zum Krankenhaus radeln hätte Stephan nicht gekonnt.

Um es kurz zu machen: Diagnose Meniskusriss und Innenband gerissen. Zwei Wochen Zwangspause in Waren und eine feste Knieorthese für Stephan.

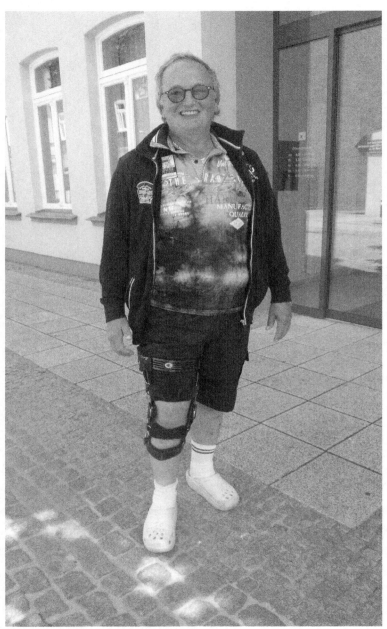

Stephan mit seiner Knieorthese

Noch ein paar Worte zur Müritz: Sie ist mit ihren 112,6 m² der größte Binnensee Deutschlands. Und ich dachte immer, der Bodensee – aber der teilt sich ja seine Fläche mit Österreich und der Schweiz. Die breiteste Stelle des Sees misst zehn Kilometer. Ihr Wasserspiegel liegt 62,1 Meter über Normalnull. Die gesamte Müritz ist Bestandteil der Müritz-Elde-Wasserstraße und somit gilt auch hier die Binnenschifffahrtsordnung des Bundes.

WAREN AN DER MÜRITZ

Waren wurde schon um 150 nach Christus als Siedlung erwähnt und erhielt in der Mitte des 13. Jahrhunderts das Stadtrecht. Neben Verwüstungen durch Kriege, erlebte Waren fünf verheerende Stadtbrände zwischen 1568 und 1699, die eine wirtschaftliche Entwicklung verhinderten. In den 1970er Jahren fielen viele Teile der historischen Altstadt einer DDR-Verkehrsplanung zum Opfer, wovon in dem liebevoll restaurierten Altstadtkern nicht mehr viel zu sehen ist. Eine wirklich schöne Stadt. Der Stadthafen Waren verfügt über 180 Gastliegeplätze und viele Plätze für Charterboote.

Bei einem Rundgang in der Stadt fiel mir ein Schild auf: Kellner gesucht. Da wir mindestens zwei Wochen bleiben mussten, hab ich mich entschlossen, einen Aushilfsjob als Kellnerin anzunehmen.

ZWEI WOCHEN SPÄTER MALCHOW

Immer noch Schmerzen im Knie. Aber Stephan treibt es weiter Richtung Ostsee. Eigentlich brauch ich es nicht mehr erwähnen: sechs Uhr morgens und wir legen in Waren ab. Über den Reeck-Kanal auf den Kölpinsee. Die Müritz-Elde-Wasserstraße entlang, den Fleesensee bis Malchow.

Inselstadt Malchow

Drehbrücke Malchow

Malchow erhielt 1235 das Stadtrecht. Auf dem Ostufer sieht man, wenn man darauf zufährt, die riesige Klosterkirche, die heute ein Orgelmuseum beherbergt. Was uns hier toll gefallen hat, war das DDR-MUSEUM mit vielen interessanten Ausstellungsstücken und Dokumentationen über die Alltagsgeschichte in der DDR. Wenn man nach Malchow kommt, muss man durch die Drehbrücke, die die Insel Malchow vom Festland trennt. Gleich dahinter kommt der Stadthafen, an dem wir festmachen. Wir haben an diesem Tag noch lange draußen auf dem Boot gelegen und den wartenden Schiffen vor der Brücke zugesehen. Viel laufen konnte Stephan immer noch nicht.

Am Hafen Malchow

Der Malchower See bringt uns über die Müritz-Elde-Wasserstraße zum Plauer See.

Die Wassertiefe der Wasserstraße ist 1,60 Meter, höchstzulässiger Tiefgang: 1,40 Meter. Die niedrigste Durchfahrtshöhe beträgt übrigens 3,80 Meter bei geöffneter Drehbrücke in Malchow.

Zulässige Höchstgeschwindigkeit auf der ganzen Strecke: 9km/h – sofern nicht durch Sonderbeschilderung eingeschränkt. Nach Überquerung des Plauer Sees kommt man nach Plau, wo die letzten Jahre viel gebaut wurde.

PLAU AM SEE

Die Einfahrt nach Plau ist heute mit einem Leuchtturm bestückt worden.

Hafen Plau am See

Plau ist ein ehemaliger Flößer- und Schifferort. Erstmalig erwähnt: 1234. Was wir hier sehenswert fanden, ist die Innenstadt mit ihren verwinkelten Gassen und den vielen liebevoll restaurierten Fachwerkhäusern. Und die Marienkirche aus dem 13. Jahrhundert am Marktplatz, deren Turm man auch besteigen kann, um einen herrlichen Ausblick zu genießen.

Blick von der Schleuse zur Marienkirche Plau am See

Wartebereich vor der Schleuse

Mitten in Plau gibt es die Steil-Hubbrücke. Geschlossen ist sie 2,20 Meter hoch. Die genaue Durchfahrtshöhe wird auf einem Ziffernblatt an-gezeigt. Unser Boot hat mit gelegtem Mast 2,22 Meter.

Steil-Hubbrücke Plau am See

Die Anzeige stand etwas über 2,20 Meter. Also musste es Stephan unbedingt versuchen. Naja – es war am Ende doch noch fast 1 Zentimeter Platz zwischen unserem Mast und der Brückenkante. Das Problem: Nach der Brücke kommt eine Schleuse, die doch erst am nächsten Morgen öffnet. (Die Brücke wird automatisch vor der Schleusenöffnung angehoben.) So haben wir am Anleger zwischen Brücke und Schleuse die Nacht verbracht. Und statt am Abend zu kochen, haben wir uns das erste Mal auf unserer Reise entschlossen, Pizza essen zu gehen. Ist aber auch gemein, wenn einem der Pizzaduft direkt an der Anlegestelle in die Nase steigt. Wer kann da schon widerstehen? Drei Glas Wein dazu und Stephans Knieschmerzen waren fast nicht mehr zu spüren.

Gastliegeplätze in Plau am See

KAPITEL 10: DIE FAHRT NACH DÖMITZ

Die nächste Nacht wollten wir in Lübz verbringen. Kennen die meisten durch das Lübzer Bier. Auch wieder eine Stadt aus dem 12. Jahrhundert. Mit vielen Fachwerkbauten und Gründerzeithäusern. Die Stadtkirche ist im gotischen Stil mit viel Blattgold ausgestattet. Aber die meisten halten hier wohl wegen der Führung durch die Lübzer Brauerei. Wir landeten mittags in der Stadtmarina von Lübz. Schön gelegen und gut ausgestattet.

Idyllischer Hafen Lübz

Auch **LÜBZ** verfügt über eine Schleuse und eine Spindelhubbrücke.

Schleuse Lübz

AUF DER MÜRITZ-ELDE-WASSERSTRAßE

Müritz-Elde-Wasserstraße

Nach weiteren 10 km kommt die Schleuse Neuburg. Die gleiche Strecke noch einmal und man ist in Parchim. Auch hier sind zwei sehenswerte Kirchen: die St.-Marien und die Georgienkirche.

Unsere Fahrt geht weiter über Malchow auf der Müritz-Elde-Wasserstraße bis nach Garwitz.

Vor der Schleuse Garwitz

Wir aber unterbrechen unseren Törn erst in Grabow.

Wer in Grabow Fahrräder an Bord hat, sollte unbedingt einen Abstecher ins acht Kilometer entfernte Ludwigslust unternehmen und dort das Schloss und den Barockgarten besuchen. Wer in Hechtsforth liegt, sollte sich dort das alte Wasserkraftwerk anschauen. Es wird noch heute mit der originalen Technik aus dem Jahr 1925 betrieben.

Wir aber haben in Grabow im Stadthafen übernachtet.

Dies war unsere letzte Übernachtung vor der Elbe. **GRABOW** ist ein kleines Städtchen mit 6200 Einwohnern. Man fährt mit dem Schiff praktisch mitten durch den Ort, in dem sich im Zentrum eine lange Kaimauer befindet, an der man festmachen kann. In diesem Hafen haben wir es das erste Mal erlebt, dass man die Liegegebühren per Parkuhr bezahlt. Lustig. Da stehen direkt an der Kaimauer Parkuhren, in die man wie auf einem Autoparkplatz Münzen einwirft und dann übernachten kann.

Ein Container dient als Sanitärhaus.

Hier sollte unsere letzte Nacht sein, bevor wir bei Dömitz auf die Elbe treffen.

Stadthafen Grabow

Rathaus von Grabow

Heute haben wir den 19. Juni. Vor uns liegen die letzten sechs Schleusen bis Dömitz an der Elbe. Es ist sieben Uhr morgens, als wir die Leinen lösen und uns auf die vor uns liegenden 30 Kilometer freuen.

Durch die sechs Schleusen wird es eine gute Tagestour. Natürlich wieder abhängig von den Wartezeiten vor den Schleusen. Also: Motor anwerfen, Leinen los, und nach unserem ausgiebigen Frühstück verlassen wir Grabow. Es weht ein leichter Wind, geringe Bewölkung und elf Grad um diese Uhrzeit. Der Tag kann nur gut werden.

An Kilometer 18 passieren wir die Schleuse Eldena. Der Name entstammt der Gründung eines Zisterzienser Nonnenkloster der Elde nah um 1230. Eldena bietet gute Versorgungs- und Einkaufsmöglichkeiten für den durchreisenden Sportschiffer.

Vor dem Ort Neukalisz, 4,9 km bis Dömitz, gibt es einen Naturlehrpfad. Dort befindet sich auch die Schleuse „Findenwirunshier". Zwei Müllersöhne, die sich nach langen Jahren hier zufällig wiederfanden, gaben der Sage nach der Mühle den Namen „Findenwirunshier".

Noch fünf Kilometer bis Dömitz

Schleuse „Findenwirunshier"

Hier gibt´s jede Menge Pusteblumen

Schleuse Dömitz mit Klappbrücke

Knapp einen Kilometer vor Dömitz erreichen wir die letzte Schleuse: Die Schleuse Dömitz und die dazugehörige Klappbrücke trennen uns noch von der Elbe. Der DÖMITZER HAFEN ist einem Hotel angegliedert dem Panoramacafé.

Im Dreißigjährigen Krieg wurde die Stadt Dömitz mehrfach von englischen, schwedischen und kaiserlichen Truppen besetzt. Anfang des 20. Jahrhunderts entwickelte sich der Hafen zu einem wichtigen Umschlagplatz. Heute zählt Dömitz ca. 3170 Einwohner. Sehenswert sind die Fachwerkbebauung der Innenstadt, das spätbarocke Rathaus, die neugotische Johanniskirche und natürlich der Festungsbau. Aber für uns zählt jetzt nur eins: die ELBE. Und so schwingen wir uns auf unsere Elektrofahrräder, um den ca. einen Kilometer bis zur Mündung der Müritz-Elde-Wasserstraße radelnd zurück zu legen. Juhuuu – wir sind da!

Unterwegs mit unseren kleinen Elektrofahrrädern

An der Elbe angekommen

Am frühen Nachmittag, früher als wir erwarteten, hatten wir das Ziel Dömitz erreicht. Und so blieb heute noch die Zeit, die Festungsanlagen zu besuchen und in der Innenstadt Proviant zu kaufen und in den Stauräumen unseres Bootes zu bunkern.

Hafen Dömitz mit Swimmingpool

Heute bin ich dran mit Kochen. Keine Lust: Also mal wieder eine Kurzlösung: Hühnerfrikassee mit Reis. Dose in Topf, Reis in Wasser, zusammen auf Teller, fertig.

Filme am PC erstellen in unserer Kajüte

Bilanz nach 2,5 Monaten auf dem Segelboot

Für Dömitz hatte ich mir vorgenommen, eine Zwischenbilanz zu ziehen.

Eine Zwischenbilanz der letzten zweieinhalb Monate auf dem Segelboot.

Natürlich könnte ich jetzt schreiben, dies war schön, dies hat mir gefallen, oder dies war nicht so gut.

Doch ich möchte es anders versuchen, weil es einfach nicht wiedergeben würde, was ich wirklich fühle. Ich beginne mit dem Loslassen, mit dem Problem, Dinge loszulassen, die ich gerne noch behalten hätte.

Jeder kennt das bestimmt von einem Umzug, wenn man Möbel, die länger in einer Wohnung gestanden haben, rausräumt und an den Wänden die Abdrücke davon sichtbar zurückbleiben. Für mich sind das genau die Abdrücke, die man in seinem Leben bzw. seiner Seele weiter mit sich rumträgt und die die Zukunft beeinflussen und meist verhindern, die alten Bahnen zu verlassen. Jetzt stell dir vor, alle alten Möbel aus der Wohnung raus und hinter jedem Schrank verbirgt sich ein wunderschönes Bild.

So schöne Bilder, dass du keine Gedanken mehr an die alten Möbel verschwendest, weil du aus dem Staunen nicht mehr rauskommst. Stell dir vor, dass einer der Schränke, die ganze Zeit vor deinem Fenster stand und jetzt auf einmal die Wohnung von Licht durchflutet wird. So fühle ich mich heute.

Und selbst jetzt auf dem Boot, stelle ich immer wieder fest, wie viele Dinge auch gerade im Bereich Kleidung ich doch mitgenommen habe, die ich in den letzten zweieinhalb Monaten nicht aus der Tüte genommen habe.

Dabei hatte ich doch schon vorher Probleme, sie anzuziehen. Und doch musste ich sie wieder mitschleppen. Habe mir vorgenommen, auf dem nächsten Flohmarkt, an dem wir vorbeikommen, damit einen Stand zu machen. Ist doch verrückt, wie wenig man eigentlich braucht.

Die Langsamkeit, in der wir mit unserem Boot gereist sind, gab mir die Möglichkeit, die Dinge bewusst wahrzunehmen, die uns täglich neu begegneten.

Verstehst du, was ich meine??? Wahrscheinlich nicht.

Ich versuche es noch einmal anders: Vorher habe ich hunderte von Fotos gemacht, um sie in einem Fotoalbum in einem Schrank zu verstauen, oder auf einer Chipkarte in der Schreibtischschublade abzulegen.

Auf unserer Fahrt habe ich gelernt, Augenblicke bewusst wahrzunehmen und in meinem Gedächtnis abzuspeichern.

Ich habe die Spannung wiedergefunden, die das Leben ausmacht. Jeden Tag gespannt zu sein auf die Dinge, die mich erwarten, um sie ganz bewusst zu genießen.

Das Aufgeben von Gesetzen und Regeln, das Aufgeben der immer wiederkehrenden Monotonie unserer Leistungsgesellschaft, die völlig durchgetaktet ist, ohne Lücken, habe ich gelernt zu verlassen.

Immer etwas tun zu müssen, das zu einem Ergebnis führt, einem messbaren Ergebnis, einem Ergebnis, das in unserer Gesellschaft was wert ist, habe ich aufgegeben (und das als Schwäbin).

Ich habe gelernt, dass es keinen Weg zum Frieden gibt, sondern der Weg selbst der Frieden sein muss.

Habe gelernt, dass die Regeln, die wir für unser Zusammenleben auf dem Boot aufgestellt haben, nicht viel wert sind. Dass es besser ist, für den anderen etwas zu tun, was er selbst nicht gerne macht, in der Dankbarkeit für all das, was wir zusammen erleben dürfen.

Was bedeutet es schon, einmal mehr abzuwaschen, einmal mehr zu kochen, als man eigentlich dran wäre.

Nicht einen Tag auf dem Boot, nicht einen einzigen Moment, hatte ich bis jetzt das Gefühl, die Entscheidung bereut zu haben, und so, wie er mir sagte, geht es Stephan genauso.

Die wichtigen Dinge im Leben kann man sowieso nicht mitnehmen, und so hat sich das Gefühl des Loslassens in ein Gefühl verwandelt, Dinge einzutauschen, und zwar in etwas Besseres, Dinge, von denen ich heute das Gefühl habe, sie sowieso nie richtig gebraucht zu haben. Getauscht in Augenblicke und Momente, die ich im Herzen abgespeichert habe und die man mir nie mehr nehmen kann. Wenn ich heute ein Bild betrachte, das ich vor vier Wochen gemacht habe, dann die Augen schließe, die Wärme der Sonne fühle in diesem Moment, Gedanken hochkommen, die ich in diesem Augenblick hatte, riechen kann, wie es roch, dann ist es für mich richtig.

Alle Dinge, sagen wir fast alle, die man sich durch seine Lebenszeit erarbeitet und angeschafft hat, sind vergänglich und doch nur null und nichtig, wie der Prediger sagt, und ein Haschen nach Wind. Fällt dir auf, dass das in der Bibel steht? Lese gerade die Sprüche von Salomon, der ja als weise gilt, also das Buch des Predigers aus der Bibel, wo er das mit dem Haschen nach Wind genau beschreibt.

Für alle, für die ich mich völlig missverständlich ausgedrückt habe, möchte ich hier Folgendes schreiben: Die zweieinhalb Monate waren wunderschön und ich habe keinen Tag bereut.

KAPITEL 11: AUF DER ELBE NACH LÜBECK
Zwei Tage später

Es ist morgens, 4:30 Uhr, als wir die Waschhäuser im Hafen Dömitz aufsuchen. Sie befinden sich direkt am Hotel. Dann noch schnell Kaffee kochen und um fünf Uhr Leinen los auf die Elbe. Frühstücken wollen wir heute unterwegs.

Frühmorgens auf der Elbe

Der Törn an diesem Tag führt uns bei KM 504 auf die Elbe. Abwärts bis Lauenburg und bei KM 568 in den Elbe-Lübeck-Kanal.

Was für eine Stimmung an diesem Morgen. Der Nebel, der über dem Fluss und den Ufern liegt, fühlt sich an, als wäre alles in Watte eingetaucht. Die Landschaft weichgezeichnet und viele Einzelheiten nur schemenhaft zu erkennen.

Malerische Landschaft zum Kaffee

Morgendlicher Nebel auf der Elbe

Direkt nach der Einfahrt in die Elbe wechselt ein Biber direkt vor unserem Boot die Uferseiten.

Die Strömung der Elbe – heute etwa zwei Knoten – erhöht unsere Geschwindigkeit über Grund. Noch schemenhaft erkennt man auf den Buhnen gelbe Kreuze, die Schifffahrtszeichen, nach denen man sich richten sollte. Das Fahrwasser wechselt hier immer wieder die Uferseiten. Bei Niedrigwasser liegen die

Tonnen, die das Fahrwasser anzeigen, teilweise auf Sand.

Die Weiden der Pferde und Kühe reichen ohne Zaun bis ans Elbwasser.

Pferde am Ufer der Elbe

Ganz entgegen unserer Erwartungen – wir hatten mit viel Berufsverkehr auf dem Wasser gerechnet und entsprechend vielen Schiffen – begegnete uns das erste Boot nach 1,5 Stunden. Ich hatte überhaupt von der Elbe ganz andere Vorstellungen. Aber hier zeigt sich wieder Natur pur.

Kurz vor Lauenburg sieht man immer wieder ankernde Boote am Ufer. Dafür gibt es hier wirklich viele schöne Plätze. Dann kommt die Lauenburger Brücke in Sicht.

Lauenburger Brücke

Lauenburg bietet einen malerischen Anblick (abgesehen von der Brücke davor). Hier geht es steuerbord ab in den Elbe-Lübeck-Kanal, worauf allerdings kein Schild hinweist.

Wieder erwartet uns eine Schleuse. Aber keine wie am Finowkanal. Denn diese hier wirkt dagegen riesig.

Der Elbe-Lübeck-Kanal hat insgesamt sieben Schleusen, um den Höhenunterschied zwischen Ostsee und Elbe auszugleichen. Vier wird man hochgeschleust und drei wieder abwärts. Zehn Minuten Wartezeit vor dem riesigen Einfahrtstor, dann öffnet es und das Signal steht auf Grün. Die Berufsschifffahrt hat Vorfahrt. Aber wir warten gerne, bis das Riesenteil vor uns seinen Platz in der Schleuse gefunden hat, dann sind wir dran.

Unser Ziel für heute ist es noch, Mölln zu erreichen. Die Stadt, von der wohl jeder schon mal durch Till Eulenspiegel gehört hat. Der Elbe-Lübeck-Kanal ist künstlich angelegt, also fast immer geradeaus und wenig Abwechslung bis zur nächsten Schleuse. Vor Mölln die Einfahrt in einen kleinen See, der mehrere Häfen beherbergt. Wir wählen den Hafen WSV Mölln, um möglichst direkt an der Stadt zu sein. War ein toller Tag auf der Elbe.

Hafen WSV Mölln

Es ist Sonntag, fünf Uhr, als wir am nächsten Morgen Richtung Lübeck aufbrechen. Hier auf dem Elbe-Lübeck-Kanal beginnt das Schleusen nämlich schon um sechs Uhr und wir haben etwa eine Stunde Fahrtzeit, bis wir die erste Schleuse erreichen werden. Noch drei sind es heute bis Lübeck. Stephans Gesichtsausdruck hellt sich deutlich auf, als wir die letzte Schleuse vor Lübeck passiert haben. Er freut sich auch darauf, endlich wieder den Mast zu stellen. Außerdem ist es für ihn eine Art Nach-Hause-Kommen, denn er ist gebürtiger Lübecker. Ich bin dankbar dafür, dass unser 6-PS-Außenborder uns sicher durch Mecklenburg-Vorpommern gebracht hat.

Noch eine Kurve und der Lübecker Dom kommt in Sicht.

Dass für Stephan Lübeck eine der schönsten Städte ist, ist ja verständlich. Aber auch mich hat Lübeck aus vielen Gründen absolut beeindruckt. Die vielen Kirchen, die Innenstadt meist in roten Backsteinen völlig umgeben von Travewasser geben der Stadt ein unglaubliches Flair. Ich belasse es dabei, Lübeck weiter zu beschreiben, denn allein über Lübeck könnte man schon ein Buch schreiben (und gibt es ja auch schon).

Die ersten Kirchturmspitzen von Lübeck

Die ersten Häuser von Lübeck

Wir kommen am Lübecker Marzipanspeicher vorbei. An vielen alten Seglern, die zum größten Teil über 100 Jahre alt sind und hier an der Kaimauer liegen.

Alte Segler, die an der Trave liegen

Museumsschiffe in Lübeck

Ein Besuch am Holstentor

An der Trave

Wir legen an der Altstadt-Marina an, weil, wie der Name schon sagt, es von hier der kürzeste Weg zur Innenstadt ist.

Unser Gastliegeplatz in der Altstadt-Marina Lübeck

Natürlich möchte mir Stephan seine Geburtsstadt zeigen. Alleine die Altstadt hat fünf Kirchen und dann natürlich noch das Holstentor. Er erzählt mir, dass sein Urgroßvater mit Thomas Mann befreundet war und die Familienchronik der Buddenbroocks nach seiner Familie geschrieben wurde.

Nach zwei Nächten und schmerzenden Füßen vom vielen Laufen, geht es die Trave weiter abwärts

Richtung Travemünde. Auf halber Strecke liegt rechts der **HAFEN KATTEGAT** – ein Seglerverein.

Segelverein Hafen Kattegat

Dort hatten wir vor, aus unserem Boot wieder einen Segler zu machen, also den Mast zu stellen, bevor wir an die Ostsee kommen. Weil uns dieser Hafen wirklich beeindruckt hat, wollen wir ihn hier noch näher beschreiben. Haben aber auch darüber einen Film bei YouTube gemacht.

Wir haben ja unterwegs viele nette Hafenmeister kennengelernt, aber nie einen Hafen, in dem alle Menschen so gelassen und freundlich sind. Wenn man ihnen begegnet, immer ein freundliches Wort für einen haben, oder zumindest ein freundliches Lächeln.

Der Hafen ist supersauber und ordentlich angelegt. Man merkt, dass sich wahrscheinlich alle Mitglieder darum kümmern.

Der Hafen selbst verfügt über einen Kran zum Maststellen, den uns der Hafenmeister gleich angeboten hat. Wir nehmen den letzten Liegeplatz direkt neben der Slipanlage, damit wir uns zum Maststellen etwas ausbreiten können, und die anderen nicht zu viel stören.

Jetzt rentiert es sich, dass ich die Wanten beim Mastlegen gut sortiert und gekennzeichnet habe.

Unsere Mastlegevorrichtung macht den Kran unnötig. Schon alleine, weil wir den Ehrgeiz hatten, den Mast alleine zu stellen. Und wieder ein nettes Ehepaar, das beim Vorbeikommen freundlich lächelnd uns anbot, ein Foto von uns zu machen.

Mast stellen im Hafen Kattegat

Kurz nachdem der Mast stand, begann es zu regnen. Und es regnete und regnete – DREI TAGE LANG.

Die Einkaufsmöglichkeiten sind hier gleich null. Wie gut, dass ich niemals losfahren würde, ohne genug Proviant gebunkert zu haben.

In dem schönen Clubhaus des Hafens, wo auch das Hafenbüro und die Waschhäuser untergebracht waren, verbrachten wir die meiste Zeit. Hier gab es auch Internet.

Die Sonne kam zurück. Am vierten Tag weckte sie uns durch unsere Dachluke, die Stephan ja durch ein Plexiglasfenster ersetzt hat, sodass wir unsere Fahrt fortsetzen konnten nach Travemünde an der Ostsee. Bevor wir aufbrechen, noch mal vielen Dank an die netten Leute vom Hafen Kattegat und unsere freundliche Aufnahme dort.

KAPITEL 12: TRAVEMÜNDE

Wenn man auf Travemünde zuläuft, begegnen einem die großen Fähren, die im Hafen ankommen und ablegen. Nach unserer Tour durch die kleinen Kanäle wirkt alles hier sehr groß. Die Fähre Finnline läuft gerade ein, sie kommt aus Schweden. Und die TT legt gerade ab nach Norwegen.

Ein Wahrzeichen von Travemünde ist das große Maritim-Hotel, das einem sofort ins Auge fällt. Gegenüber auf der Ostseite der Trave liegt die Passat – ein weiteres Wahrzeichen der Stadt.

Eine der großen Fähren nach Norwegen legt ab

Wir drehen eine Runde durch den Fischereihafen, bevor wir dann steuerbord den Yachtclub Lübeck erreichen. Wir hatten uns vorgenommen, hier ein paar Tage zu bleiben. Zu dem Zeitpunkt noch nicht wissend, dass daraus sechs Wochen werden würden.

Was macht man als erstes in Travemünde? Natürlich zum Strand. Ich denke daran, wie wir vor drei Monaten das erste Mal unsere nackten Füße in den Ostseesand und das eiskalte Wasser in Zingst auf dem Darß gestellt haben. Gott sei Dank ist es heute wärmer, als wir die Ostsee wiedersehen.

Endlich wieder am Meer

In ein paar Tagen soll hier die Travemünder Woche beginnen, die wir uns nicht entgehen lassen wollen.

Beim Spaziergang an der Promenade ein Schild: Aushilfe gesucht. Da ich immer praktisch denke als Schwäbin und es unserer Reisekasse nicht schaden könnte, geh´ ich rein, stell´ mich vor und kann morgen anfangen. Hier habe ich dann die nächsten vier Wochen gearbeitet im Fisherman's Restaurant direkt an der Promenade. Strandwetter war in dieser Zeit sowieso nicht und irgendwie geht es als Schwabe immer noch nicht ganz ohne Arbeit.

Jetzt sind wir noch keine 24 Stunden hier und ich hab´ schon wieder einen Job.

Kellnern im Restaurant für unsere Reisekasse

Unser Liegeplatz ist direkt an der Seebrücke 1, wo auch das Hafenmeisterhäuschen und die Waschhäuser sind. Ein schöner Liegeplatz, von wo aus man stundenlang auf die ein- und auslaufenden Schiffe schauen kann, und wenn man sich zur Abwechslung mal umdreht, kann man die Menschen auf der Promenade beobachten.

Unser Liegeplatz direkt an der Seebrücke

Als wir morgens ins Waschhaus sind und nach dem Duschen wieder rauskamen, hatte sich die Welt in Travemünde schlagartig verändert. Das Fest begann.

Schiffe beobachten in Travemünde

Während der Travemünder Woche ist die gesamte Promenade mit Fahrgeschäften, Livemusik,

Verkaufsständen und anderen Dingen gefüllt. Am Strand sind die unterschiedlichsten Musikveranstaltungen. Aber das Wichtigste sind die Bootsregatten in den unterschiedlichsten Klassen.

An diesem Tag mussten wir unseren Liegeplatz verlassen. Doch der Hafenmeister hatte uns schon auf der gegenüberliegenden Seite der Trave einen anderen besorgt. Bevor wir die Seiten wechseln, erleben wir heute noch die Taufe des TUI-Schiffes Mein Schiff 5, das direkt neben unserem Liegeplatz am Hafen einläuft. Man hat das Gefühl, ein Wolkenkratzer fährt an einem vorüber. Und immer wieder die superlaute Schiffssirene.

Ich muss gerade an den stillen Liegeplatz im Mirowkanal denken, als der Fuchs direkt an unserem Boot vorbeilief.

Wir wechseln auf die andere Traveseite zum Hafen Rosenhof. Gleichnamig wie das angegliederte Altersheim. Übrigens das schönste, das ich in meinem Leben gesehen habe. Hier könnte ich auch meinen Lebensabend verbringen. Der Traum ist gleich wieder geplatzt, als mir Bewohner erzählten, wie lange sie im Leben schon gespart haben, um hier am Ende einziehen zu dürfen. Dann doch lieber zehn Euro Liegegebühr am Tag für das Segelboot.

Travemünder Woche

Sonnenuntergang im Hafen Rosenhof

Es beeindrucken mich jetzt die immer mehr eintreffenden alten Traditionssegler, die die Trave hochfahren. Aber unser Jonathan bleibt doch das schönste Boot.

Unser Liegeplatz im Hafen Rosenhof

Noch schnell das Boot putzen für die Travemünder Woche

KAPITEL 13: WIEDER AUF DER OSTSEE

Um die Ostseetauglichkeit unseres kleinen Segelbootes zu testen (auf dem Bodensee hat es sich ja bewährt), haben wir von Travemünde aus mehrere kleine Touren in der Travemünder Bucht gemacht.

Einmal nach Niendorf, einmal rüber nach Grömitz und zum Timmendorfer Strand, vom Wasser aus die Regatten beobachtet und unser Boot zum Schluss als wind- und wellentauglich befunden.

Zwischen der Promenade und dem Priwall-Strand auf der anderen Traveseite pendelt eine Personenfähre, ein Stück die Trave weiter oben eine Autofähre. Wir haben sie öfter benutzt, um zum Baden an den Priwall-Strand zu kommen, der am östlichen Ufer liegt und wo es wesentlich ruhiger ist. Insgesamt gesehen hat uns Travemünde super gefallen.

KAPITEL 14: UNSER TÖRN NACH WISMAR

Bei null Wind und diesigem Wetter laufen wir aus dem Hafen von Travemünde aus, nicht ohne vorher die Beleuchtung und alles andere an Bord kontrolliert zu haben. So verabschieden wir bei nicht so ganz schönem Wetter Travemünde mit Kurs auf Wismar.

Kurz vor Wismar wollen wir noch die Insel Poel besuchen. Die vor uns liegende Strecke beträgt knapp 23 Seemeilen. Wir rechnen mit vier bis fünf Stunden. Etwas Wehmut habe ich schon nach den hier kennengelernten Menschen, insbesondere die netten Arbeitskollegen, mit denen ich zusammenarbeiten durfte. Aber die Vorfreude auf das Neue überwiegt mal wieder.

Am frühen Nachmittag erreichen wir die Insel Poel und den Hafen von Kirchdorf, an dem wir festmachen. Am Nachmittag besuchten wir noch Kirchdorfs Kirche. Wenn ein Ort schon Kirchdorf heißt, sollte man halt auch die Kirche besuchen. Der Hafen selbst liegt schön geschützt. Das Kochen ersetzen wir durch Backfisch vom Hafenkutter.

Dorfkirche Kirchdorf

DER NÄCHSTE MORGEN

Relativ spät, gegen sieben Uhr, verlassen wir die Insel Poel. Aber es sind ja heute auch nur ca. zwei Stunden bis Wismar. Die Sonne kommt wieder raus, Wind zwei Beaufort, und so haben wir eine ruhige Fahrt bei minimalen Wellen. An der Insel Walfisch, die direkt vor Wismar liegt, segeln wir noch vorbei. Wismar vom Wasser aus gesehen fanden wir ziemlich enttäuschend – sieht eher aus wie ein großes Kraftwerk. Die Strecke von sieben Seemeilen bis Wismar haben wir in knapp 1,5 Stunden hinter uns gebracht. Ein großer Schwarm Schwäne begleitet unser Schiff. Ich glaube, wir haben sie aufgeweckt um diese Uhrzeit, als wir an ihnen vorbeifuhren. Der erste Segler kommt uns entgegen. Wenn man auf Wismar zufährt, sieht man als erstes auf Steuerbordseite die große Werft und anschließend den Yachtclub von Wismar. Wir fahren weiter in den Überseehafen, wo sich auch der Wasserwanderrastplatz befindet. Wismar selbst hat vier Häfen: den Kali-Hafen, den Überseehafen, den alten Hafen und den Westhafen.

Auf der Backbordseite erscheint der riesige Holzumschlagplatz von Wismar. Die Leinen klarmachen zum Anlegen, und schon sehen wir voraus einen wunderschönen Platz am ersten Steg des Wasserwanderrastplatzes, machen fest neben supernetten Nachbarn, die mit ihrem selbst gebauten Aluminiumboot unterwegs sind.

Wasserwanderrastplatz Wismar

Nach dem Anlegen schauen wir mal, was in Wismar so los ist. Also Fahrräder von Bord und ab in die Innenstadt, die von hier nur ca. fünf Minuten entfernt ist (Fahrradminuten).

Wismar gehört zu den Hansestädten und bietet nach umfangreichen Restaurierungen auch das typische Bild einer Hansestadt. Das Frühstück haben wir heute von unserem Boot in die Innenstadt von Wismar verlegt, in ein tolles Café direkt am Marktplatz. In Ruhe frühstücken, die ersten Eindrücke sammeln und mittlerweile einer unserer Lieblingsbeschäftigung nachgehen: die Leute beobachten.

Frisch belegte Brötchen zum Frühstück in Wismar

Zum Draußensitzen war's an diesem Morgen leider noch zu kühl. Danach haben wir in der Nikolaikirche eine Ausstellung über den Holocaust besucht, hat uns an das Holocaust-Museum in Jerusalem erinnert. Der anschließende Besuch der Marienkirche, an die Marienkirche in Lübeck. Die dritte große Kirche in Wismar, die St.Georgen-Kirche, wollten wir auch nicht auslassen. In all diesen Kirchen haben wir eine Kerze angezündet aus Dankbarkeit für all das Schöne, was wir auf unserer Reise erleben dürfen.

Mittagsschläfchen draußen auf dem Boot. Der Nachmittag wurde ausgefüllt mit einer Radtour durch Wismar. Und wir besuchten auch noch dabei die anderen Häfen.

Am nächsten Morgen wechselten wir unseren Liegeplatz schon um fünf Uhr, weil wir noch in aller Ruhe mit unserem Boot eine ausgiebige Hafenrundfahrt machen wollten, bevor Wismar erwacht.

Mit ganz kleiner Geschwindigkeit gleiten wir in himmlischer Ruhe durch den alten Hafen, hier liegen supertolle Segler, die dem Hafen alle Ehre machen. Die wenigen Gastliegeplätze direkt an der Kaimauer hier, sind wohl eher was für Tagesbesucher. Hier liegen auch die Fischerboote von Wismar. Ich kann nicht oft genug beschreiben, wie sehr wir diese Zeit des Tages genießen.

Altstadthafen Wismar

Alte Segler zu Gast zum Schwedenfest in Wismar

Im Westhafen hat man für Gastlieger ganz neue Stege gebaut. Die Dusch- und Waschmöglichkeiten sind in einem Container untergebracht. Ist wohl noch nicht so bekannt, deshalb lagen wir an diesem Morgen hier ganz alleine. Für heute haben wir uns vorgenommen, unser Boot, insbesondere die Wasserlinie und den Außenrumpf, wieder auf Vordermann zu bringen. Hat sich doch in den letzten vier Monaten einiges an Algenbewuchs festgesetzt.

Aber erst mal ausgiebig frühstücken, bevor wir das Boot von Algen und Seepocken befreien. Das Wetter spielt mit, als wir das Schlauchboot ins Wasser lassen und es mit Eimer und Schrubber beladen.

Heute beginnt in der Innenstadt und am Hafen das Schwedenfest von Wismar. Auf dem Marktplatz von Wismar sind viele Buden und Stände sowie eine große Musikbühne aufgebaut. Immer wieder staunen wir über die schön renovierten Häuser in der Altstadt. Das Schwedenfest in Wismar erinnert an die Zeit, als Wismar zu Schweden gehörte.

Neu angelegte Gastliegeplätze im Westhafen Wismar

KAPITEL 15: DAS OSTSEESTÄDTCHEN KÜHLUNGSBORN

Ganz heimlich und leise verlassen wir am nächsten Morgen den Hafen von Wismar. Es könnte ja sein, dass die Schweden doch nochmal zurückkommen.

Es ist unsere Lieblingszeit. Morgens um fünf Uhr. Der Himmel bewölkt und trotzdem unglaublich schön, wenn die aufgehende Sonne die Wolken rot von unten beleuchtet.

Sonnenaufgang im Hafen

Bis Kühlungsborn, unserem heutigen Ziel, sind es etwa 25 Seemeilen. Eine Seemeile = 1,852 km.

Wie immer: Himmlische Ruhe und wir sind das einzige Boot auf dem Wasser. Begleitet von ein paar

Möwen werfen wir den letzten Blick zurück auf den Hafen von Wismar. Heute haben wir schon den 19. August und unseren Törn könnte man als Eissegeln bezeichnen, so kalt war es. Dick eingepackt in die Seglerklamotten überlässt mir Stephan heute Morgen die Pinne gerne, während er sich beim Eierkochen die Hände aufwärmt. Wind ein Beaufort. Sodass wir die Segel noch unten lassen und unser 6-PS-Motor uns wieder voranbringen muss. Wir rechnen mit vier Stunden Fahrtzeit. Bei sechs bis sieben Knoten Geschwindigkeit. Als wir im April losgefahren sind, war es mit Sicherheit auch nicht kälter als an diesem Morgen.

Stephan erbarmt sich: drückt mir zwei frisch gekochte Eier in die Hände, um sie mir aufzuwärmen, und übernimmt die Pinne. Ich frühstücke unter Deck und hoffe, dass er nicht bemerkt, dass ich mich anschließend in die warme Koje verziehe. Schau' während der Fahrt ein bisschen Fernsehen und hab mir vorgenommen, erst wieder aufzustehen, wenn er mich ruft. Gerade noch rechtzeitig – man soll halt nicht zu lange schlafen, konnte ich das erste Mal drei Schweinswale sehen, die neben unserem Boot herschwammen. Tolles Erlebnis auf der Ostsee.

Zehn Uhr: Die Sonne kommt raus und macht unseren Törn wieder zu einem schönen Erlebnis auf dem Boot. Jede Stunde wird es wärmer. Und gegen Mittag misst unser Außenthermometer 20 Grad. Wir sitzen wieder im T-Shirt an Bord, als wir dicht unter Land an den Sandstränden und der Promenade von Kühlungsborn vorbeisegeln. Als wir die Hafeneinfahrt von Kühlungsborn passieren, verlassen viele Boote gerade erst den Hafen, um ihren Törn zu beginnen. Riesig, der Hafen von Kühlungsborn. Wir suchen uns am letzten Steg einen freien Platz, bloß nicht mitten ins Gedränge.

Der **Hafen von Kühlungsborn** verfügt über sage und schreibe 400 Liegeplätze und ist erst 2005 fertiggestellt worden. Rechts und links davon liegen schöne Sandstrände. Heute genießen wir wirklich die Sonne. Ist schon irre, wie man die Wärme schätzen kann nach unserer bisher kältesten Fahrt. In diesem Hafen findet man natürlich auch sehr komfortable sanitäre Anlagen, einschließlich Abwaschbecken fürs Geschirr, Waschmaschine und allem was man sonst so braucht. Den Hafen hier kann man wirklich als „Marina" bezeichnen. Ist ja eigentlich nicht so unser Ding, trotz seiner Größe wirkt er aber noch sehr familiär, obwohl fast alle Liegeplätze besetzt sind.

Marina Kühlungsborn

Mit dem Fahrrad radeln wir an einer langsam ansteigenden Steilküste entlang nach Heiligendamm: etwa fünf Kilometer. Der Name Heiligendamm geht auf eine Prüfung des Klosters im 13. Jahrhundert zurück. Damals rollte eine Springflut auf die Küste zu. Doch die Gebete der Mönche wurden erhört. In der Nacht hat das Meer die Küste durch einen gewaltigen Steinwall geschlossen – so ist der heilige Damm entstanden. Und das gotische Münster konnte weitergebaut werden.

Die Küste ist hier so schön, dass man eigentlich mindestens alle fünf Minuten eine Pause machen muss, um all die schönen Ausblicke genießen zu können, die sich hier bieten.

An der Küste zwischen Kühlungsborn und Heiligendamm

Mitten im Wald in Heiligendamm steht eine wunderschöne katholische Waldkapelle.

Zurück in Kühlungsborn besuchen wir noch den Klettergarten, bewundern die vielen renovierten Villen, bevor wir uns zwanzig Minuten für ein Fischbrötchen anstellen müssen. Naja – es ist hier halt Hauptsaison. An Travemünde erinnert uns die saubere, mit Blumen geschmückte Promenade. Und die vielen Strandkörbe davor am Strand.

KAPITEL 16: ÜBER DAS MEER NACH ROSTOCK

Toll an diesen Ostseehäfen ist die aufgehende Sonne über dem Wasser, die wir wieder in vollen Zügen genießen bei unserem Auslaufen nach Rostock aus dem Hafen Kühlungsborn. Rötlicher Horizont und stahlblauer Himmel der Himmel meint es wirklich gut mit uns. Wir genießen den ersten gekochten Kaffee und, während der Hafen und seine Ausfahrt noch beleuchtet sind, gleiten wir auf der Ostsee der Sonne entgegen, um heute über Warnemünde nach Rostock zu segeln.

Marina Kühlungsborn

Bis Rostock sind es etwa 18 Seemeilen. Wir schätzen also, vier Stunden. Kein Wind, und trotzdem erwarten uns kabbelige Wellen auf der offenen Ostsee. Das mit der Sonne hat sich heute erfüllt. Und so segeln wir bei strahlend blauem Himmel an Warnemünde vorbei Richtung Rostock.

Schäfchenwolken begleiten unseren Segeltörn

Das Frühstücken haben wir bis nach der Einfahrt am Warnemünder Leuchtturm vorbei verschoben, um es in ruhigem Wasser zu genießen. In Warnemünde ist auch der Heimathafen der Aida, und ein paar andere Kreuzfahrtschiffe liegen hier auf Reede.

Noch eine Stunde auf der Warne bis Rostock. Vorbei an der riesigen Aida und vielen kleinen Häfen mit Gastliegeplätzen. Uns zieht es wie immer in den Stadthafen. Es ist der letzte Hafen auf der rechten Seite und auch die letzte Hansestadt auf unserer Tour. Der Turm der Petrikirche kommt in Sicht, bevor wir den Hafen anlaufen. Steg drei und vier sind für Gastlieger ausgewiesen. Und hier machen wir an einem grün markierten Liegeplatz fest. Heute nutzen wir die vorhandenen Waschmaschinen in den sauberen sanitären Anlagen, wo es auch sonst an nichts fehlt.

Stadthafen Rostock

Rostock soll ja den schönsten Zoo Europas haben, den wir uns für den Nachmittag vorgenommen haben. Um es vorwegzunehmen: Das stimmt. Am besten gefiel uns das naturnahe Tropenhaus.

Die Petrikirche bietet vom Turm aus einen wunderschönen Rundumblick über Rostock und die Warne. Den sollte man, wenn man in dieser Stadt ist, nicht verpassen.

Blick Richtung Hafen vom Turm der Petrikirche

Die Marienkirche und die Nikolaikirche haben wir natürlich auch nicht ausgelassen.

Marienkirche Rostock

Genauso wie die Innenstadt mit den vielen Geschäften. Mehrere Stadtmusikanten prägen das Bild.

KAPITEL 17: ZUM NOTHAFEN AUF DEM DARß

Als wir von Rostock morgens um sechs Uhr weitersegelten, mussten wir das erste Mal mit Beleuchtung fahren. Man merkt, wir nähern uns dem September.

Rostock vor dem Sonnenaufgang

Als vor Warnemünde die Sonne aufgeht, haben wir noch etwa 35 Seemeilen bis zum Nothafen Darßer Ort. Erst mal die Segel hoch und der Sonne entgegen. Drei bis vier Windstärken sind heute vorausgesagt.

Segel hoch und der Sonne entgegen

Der Darßer Nothafen liegt ungefähr auf halber Strecke zwischen Rostock und Hiddensee, auf der Halbinsel Fischland-Darß-Zingst, hinter der sich die Boddenlandschaft versteckt, wo wir Anfang April unsere Reise begonnen haben.

Diese Fahrt war wirklich ein Traum. Windstärke drei, strahlend blauer Himmel. Gegen Mittag stieg die Temperatur auf 22 Grad, als wir um elf Uhr die

Landspitze vom Darß erreichten. Hier geht es dann gleich in die Hafeneinfahrt.

Am Steg sind wir das einzige Boot. Der Hafen liegt eingebettet zwischen Darßer Wald und Dünen. Was für ein Traum. Wenn das hier kein Naturschutzgebiet wäre, müsste man eins daraus machen. Ein kurzer Weg durch sandigen Pinienwald zum Strand.

Angelegt im Nothafen Darßer Ort

Ein idealer Ort zum Grillen.

Die Hafeneinfahrt Darßer Ort

Wie das Wort Nothafen schon sagt, darf man hier leider nur im Notfall übernachten und muss am nächsten Morgen bis neun Uhr den Hafen wieder verlassen. Aber deshalb ist es hier wahrscheinlich auch so ruhig. Wenn es die Einfahrt zulässt, die immer wieder versandet, ist hier auch der Liegeplatz des Rettungskreuzers, der im Winter nach Barhöft umzieht. Einkaufsmöglichkeiten sind hier direkt gleich null, doch kann man mit dem Fahrrad den etwa fünf Kilometer entfernten Campingplatz von Prerow erreichen.

KAPITEL 18: DER SONNE ENTGEGEN NACH HIDDENSEE

Am nächsten Morgen stecken wir die Liegegebühr von neun Euro in einen Briefkasten am Hafen. Und wieder bei strahlend blauem Himmel geht unsere Reise weiter Richtung Hiddensee. Vier Stunden vor uns, bei idealer Windstärke drei zum Segeln, brechen wir auf, um über die Ostsee Hiddensee zu erreichen. Man hätte auch am Darß entlang und zwischen der Insel Bock und Hiddensee über die Bodden einfahren können. Unser Ziel ist der Hafen Kloster. Im Nachhinein würde ich sagen: „Das war unsere schönste Tour." Wirklich segeln ohne Motor, leise vom Wind angetrieben durch das Wasser gleiten, mit etwas Wehmut in dem Bewusstsein, dass dieser Sommer bald zu Ende geht.

Segeln nach Hiddensee

Unsere Bootskajüte

Hier seht ihr noch mal unser gemütliches Boot von innen

An der Landspitze von Hiddensee kommt der Leuchtturm von Kloster in Sicht. Um dann nach der Steilküste zwischen Rügen und Hiddensee auf den Hafen Kloster zuzufahren. Vorbei am Hafen Vitte, streng nach der Betonnung richtend – also im Fahrwasser bleibend, kommt der Hafen Kloster in Sicht.

Insel Hiddensee

Hiddensee ist autofrei und von Kloster aus hat man die Möglichkeit, mit Pferdekutschen die Insel zu erkunden. Wir natürlich mit unseren Elektrofahrrädern. Auf die Hafenbeschreibungen auch der anderen Häfen auf unserer Internetseite sommerboot1.de hatte ich ja schon mehrfach hingewiesen. Ähnlich wie auf dem Darß verfügt auch Hiddensee auf der Ostseeseite über wunderschöne Sandstrände und auf der Boddenseite geschützte Häfen.

Hafen Kloster auf Hiddensee

Am nächsten Morgen brechen wir um fünf Uhr auf zu einer Wanderung zum Leuchtturm Dornbusch, um von dort den Sonnenaufgang zu erleben.

Im Hafen von Kloster

Dornbusch Hiddensee

Blick vom Leuchtturm auf den Hafen von Vitte

Keinen Menschen haben wir auf diesem Weg getroffen. Und auch oben am Leuchtturm waren wir ganz alleine, als wir den Rundumausblick genossen haben. Die Sicht war so klar, dass man, nachdem die Sonne aufging, bis nach Dänemark schauen konnte. Was für eine schöne Insel. Die kleine Schwester von

Rügen. Vier Stunden waren wir hier oben. Und nur der Hunger trieb uns zurück zum Boot.

Blick vom Dornbusch über die gesamte Insel

Noch einmal einen Tag am Strand liegen und die Sonne auf den Bauch brennen lassen, den Wellen zuhören und vor sich hin träumen. Dies wird ein Platz, den wir bestimmt im nächsten Sommer für längere Zeit genießen werden. Auf Hiddensee haben wir das erste Mal Sanddornsaft kennengelernt, den man hier frisch im Becher kaufen kann. Haben am nächsten Tag noch mit dem Fahrrad den Ort Vitte erkundet.

Am langen Sandstrand von Hiddensee

Wir aber wollten noch einmal vor Hiddensee ankern und sind deshalb weiter gesegelt an die Südspitze von Hiddensee, in die Kimphores-Bucht, einem Ankerplatz direkt an der Grenze zum Naturschutzgebiet. Die Südspitze Hiddensees ist der Natur vorbehalten. Mit unserem kleinen Schlauchboot paddelten wir an Land, um den, glaube ich, ruhigsten Strandabschnitt von Hiddensee zu erreichen.

Über den Fußweg durch den lockeren Wald, der Ähnlichkeit mit einer Heidelandschaft hat, erreichten wir den Strand. Kein Mensch außer uns. Was für ein schöner Tag.

Ankern bei Hiddensee

Beim Ankern erlebt man den Sonnenuntergang und die Nacht auf einem Boot nochmal völlig anders. Wie soll ich es beschreiben – halt mehr so das Gefühl, alleine auf der Welt zu sein auf unserem kleinen Boot. Der Morgen überrascht uns. Das erste Mal war das Boot außen richtig nass. Der Herbst kommt und so lichten wir den Anker, um den Rest unserer verbleibenden Zeit im Hafendorf Wiek zu verbringen, das drüben auf Rügen liegt.

Heidelandschaft und Pinienwald auf der Insel Hiddensee

Kilometerlanger Sandstrand auf Hiddensee

Der südlichste Teil der Insel bleibt der Natur vorenthalten

KAPITEL 19: VOM ANKERPLATZ HIDDENSEE ZUM HAFENDORF WIEK AUF RÜGEN

Dies sollte die letzte Fahrt werden, auf der ich im Bikini mit meiner Handpan unterwegs Musik machen konnte. Acht Seemeilen liegen vor uns.

Letzter warmer Sommertörn für dieses Jahr

Der Ort Wiek verfügt über zwei Häfen. Als wir darauf zu segelten, winkte uns gleich der Hafenmeister vom „Hafendorf Wiek" – so heißt der eine Hafen zu und lenkte uns auf einen Liegeplatz. Ist ja schon toll, wenn man so nett begrüßt wird. Aber die eigentliche Überraschung war die Frage, welchen Adapter wir für den Kabelanschluss auf unserem Boot brauchen. Es ist wirklich wahr – es gibt Kabelanschluss direkt am Steg. Hier wollten wir unseren Segeltörn ausklingen lassen und verhandelten deshalb gleich über einen Festpreis für drei Wochen Liegegebühr. Superschön hier. Vermietung von Angelbooten, zwei Hausboote im Hafenbecken, die man mieten kann, sehr schöne sanitäre Anlagen eingebaut in Containern. Hier fehlt uns wirklich gar nichts.

Stephan auf dem Steg des Hafendorfs Wiek auf Rügen

Hausboot im Hafendorf Wiek auf Rügen

Im Yachthafen Hafendorf Wiek

In der nächsten Woche haben wir mit dem Rügenbus Touren unternommen zum Kap Arkona, zum Baumwipfelpfad von Rügen und nach Saßnitz. Immer den Gedanken verdrängend, dass wir bald das Boot mit einer Wohnung tauschen müssen.

In Wiek gibt es eine schöne Kirche, in die ich sehr oft vormittags gegangen bin, um mit meiner Handpan Musik zu machen. Eine wunderschöne Akustik.

Kirche Wiek

Der Herbst beschert uns wenig Regen, sodass wir die Tage zu zweit auf dem Boot bis zum Letzten auskosten konnten. Bevor Mitte Oktober das Ende auf uns zukam und wir etwas traurig vom Hafendorf Wiek Abschied nahmen, um zu unserem Ausgangspunkt Barhöft zurückzukehren.

KAPITEL 20: ZURÜCK INS WINTERLAGER NACH BARHÖFT & BILANZ

Was hatten wir noch nicht erlebt auf unserer Reise? Absolut dichten Nebel, weshalb wir uns nach dem Auslaufen von Tonne zu Tonne vortasteten Richtung Barhöft. Es wurde Zeit. Die Kälte und Nässe des Nebels krochen während dieser Fahrt durch unsere Segelklamotten bis auf die Haut wahrscheinlich nur, um das Ende dieses Sommers erträglicher zu machen.

Nebelfahrt zum Hafen Barhöft

Gegen Mittag erreichten wir den Hafen von Barhöft. War es denn nicht erst gestern, als wir losgefahren sind? Nein. Sieben Monate sind vorbei. Wieder standen **Claus und Maria** am Hafen, um uns zu begrüßen — wir hatten uns vorher telefonisch angemeldet.

Claus und Maria begrüßen uns am Hafen

Und so saßen wir an unserem Liegeplatz auf dem Boot, tranken den von Claus mitgebrachten Begrüßungsschnaps und dann kam unsere letzte Nacht in der lieb gewordenen Koje unseres Bootes Jonathan, bevor wir am nächsten Morgen alle Dinge in die Ferienwohnung — unser Quartier für die nächsten sechs Monate — verbrachten. Bei Ebay-

Kleinanzeigen fanden wir noch am selben Tag ein Auto, das uns über die nächsten sechs Monate bringen sollte. Ich hatte schon am nächsten Tag ein Vorstellungsgespräch in Stralsund, um im Winter wieder arbeiten zu gehen. Und so furchtbar es auch ist, so geht unser Traum hiermit nicht zu Ende, denn wir träumen und planen weiter, denn der nächste April kommt bestimmt. Und damit auch die Fortsetzung von unserem Leben auf dem Boot.

Der Mast ist gelegt.

Das große Ausräumen

Unsere Ferienwohnung – das große Einräumen

Das Boot kommt aus dem Wasser

Winterplatz für unseren Jonathan

BILANZ

Wir haben in unserer Zeit, die wir die Heilpraktikerpraxis hatten, so viele Menschen kennengelernt, die ihre Träume nie verwirklicht haben, weil sie sie Jahr für Jahr vor sich herschoben, und immer einen Grund fanden, es nicht zu tun.

Bis zu dem Tag, an dem entweder sie selbst oder ihr Partner zu krank wurden oder starben und ihr Traum für immer unerfüllt blieb. Die Bilanz von unserer Reise ist deshalb:

Möge euch der Himmel die Möglichkeit geben, eure Träume zu verwirklichen. Und den Entschluss, es zu tun. Schiebt es nicht immer weiter auf, sondern tut es einfach. Was immer euer Traum auch ist. Denn irgendwann könnte es zu spät sein. In lieben Gedanken, eure Dunja und Stephan

Die weiteren erschienenen Bücher

Vom Traum zum Ziel

Mein Weg zur Liebe

Das Buch beschreibt die jahrelangen vergeblichen Versuche, die wahre Liebe zu finden, verbunden mit dem Wunsch nach einer festen Beziehung.

Es beschreibt die Erfahrungen und Fehler auf diesem Weg und endet schließlich doch in einem Happy End.

Kein Buch für Segler

Vom Leben auf dem Boot zu zweit

und was ich daraus gelernt habe

Vom Leben auf dem Boot zu zweit

So wie beim Segeln die ständige und oft vergebliche Suche nach dem richtigen Wind, um bestmöglich vorwärts zu kommen, sind auch im Leben viele Dinge, die man tut, eigentlich völlig überflüssig und wie schon der weise Salomon erkannt hat, nur ein Haschen nach Wind und kein Gewinn unter der Sonne. Genauso, wie beim Segeln die richtige Vorbereitung und die Törn Planung wichtig sind, so ist es auch im Leben ratsam, auf Situationen richtig vorbereitet zu sein. Zu wissen, wo beim Segeln die eigenen Grenzen liegen, die man nicht überschreiten sollte, so erspart einem auch im Leben das Wissen um die eigenen Grenzen so manche Enttäuschung.

Von Brandenburg über die Oder zur Ostsee

Wohin das Boot uns trägt

Die Reise geht weiter und somit die Verwirklichung unseres Lebenstraumes. Über den Streckenabschnitt Brandenburg-Berlin, die Oder bis zur Ostsee beschreibt es viele kleine Erlebnisse und Erfahrungen, die wir auf diesem Törn zu zweit gemacht haben. Nicht nur ein Buch für Bootsbesitzer, sondern für alle Menschen, die es noch vor sich haben, ihren Traum zu verwirklichen. Inklusive Verweise auf unsere Filme der Reise und die Hafenbeschreibungen auf unserer Internetseite.

Auf dem Amazonas des Nordens

Vom Morgenrot zur Abenddämmerung

Ein siebenwöchiger Bootstörn über die naturbelassene Peene und den Kummerower See mit Beschreibung der Orte und Plätze, an denen wir waren und viele kleine Erlebnisse unterwegs.

Printed in Great Britain
by Amazon

20915101R10119